EMMA BRUNNER-TRAUT

Die Kopten

LEBEN UND LEHRE
DER ÄGYPTISCHEN CHRISTEN
IN GESCHICHTE UND GEGENWART

EUGEN DIEDERICHS VERLAG

Mit 31 Abbildungen im Text und 1 Frontispiz.

Die Deutsche Bibliothek – CIP-Einheitsaufnahme
Emma Brunner-Traut:
Die Kopten : Leben und Lehre der ägyptischen Christen in Geschichte und Gegenwart / Emma Brunner-Traut. – 3., erw. Aufl. – München : Diederichs, 1991
  (Diederichs Gelbe Reihe ; 39)
  ISBN 3-424-00699-8
NE: GT

3., erweiterte Auflage 1991
© Eugen Diederichs Verlag, München 1982
Umschlaggestaltung: Zembsch' Werkstatt, München
Produktion: Tillmann Roeder, München
Satz: Lichtsatz Heinrich Fanslau, Düsseldorf
Druck und Bindung: Friedrich Pustet, Regensburg
ISBN 3-424-00699-8
Printed in Germany

Den Freunden
Wolfgang Helck
und Erich Lüddeckens

Gott schickt dem gegenwärtigen Geschlecht nicht solche Kämpfe wie den Vätern. Er weiß ja, daß es schwach ist und nicht bestehen könnte.

Antonius

INHALT

Vorwort 9

Vorwort zur dritten Auflage 10

Einleitung 11

Die Geschichte der Kopten

Die »Säule der Rechtgläubigkeit«: Athanasios 14
Antonius und die Väter der Wüste 22
Pachom, der Gründer der Klöster 35
Schenûte · Die Koptische Nationalkirche 48
Historische Stellung und missionarische Bedeutung 52
Kultur · Literatur, Sprache, Schrift 57 / Kunst 60
Die Kopten heute 77

Die Schriften der Kopten

Vita Antonii (Leben des Antonius) 94
Vorrede 95 / Die Jugend des Antonius 96 / Anfänge seines mönchischen Lebens 98 / Große Ansprache des Antonius an die Mönche 99 / Antonius' Kämpfe mit den Dämonen 105 / Antonius und der Klerus 107 / Antonius' zweiter Besuch in Alexandria 108 / Antonius und die Philosophen 109 / Die Folgen seines Wirkens 115 / Sein Lebensende 116 / Schluß 120

Apophthegmata Patrum (Aussprüche der Väter) 121
Antonius 122 / Askese 124 / Armut 125 / Selbstbezwingung 126 / Maßhalten in der Askese und Vertrauen 127 / Geduld 128 / Herzensreinheit 128 / Lehren 128 / Schweigen 129 / Versöhnung mit dem Bruder 130 / Nächstenliebe 131 / Demut 132 / Gehorsam 133 / Unterscheidungsgabe 133 / Seßhaftigkeit 134 / Übersinnliches 134 / Über die Ägypter 135 / Allgemeine Tugendregeln 136 / Zum Kloster 136 / Kurzgeschichten 137

Klosterregeln des Pachom 142
Aus den Praecepta (Regeln) 143 / Aus den Praecepta et Instituta (Regeln und Ordnungsvorschriften) 147

Der Tod des Pachom 150
Nachschrift des Schreibers 159

Aus den Regeln des Weißen Klosters 161
Proömium 162 / Das Eintrittsgelübde 162

Berichte Schenûtes über Einfälle der Beduinen in Oberägypten 165

Eine Predigt Schenûtes 172

Anhang

Zu den Vätern 179
Worterklärungen 183
Zeittafel 190
Benutzte Quellen und weiterführende Literatur 195
Bildnachweise 197

VORWORT

In der Erkenntnis, daß es für den Menschen ohne Herkunft keine Zukunft gibt, beginnen wir heute, uns auf die Geschichte neu zu besinnen. Auf der Suche nach »alternativen Lebensformen« tritt die Askese der frühen Mönche wieder ins Blickfeld. Für beide Fragekreise hält dieses Buch einige Antworten bereit. Erste Impulse gab ein Vortrag, zu dem die Stuttgarter Privatstudiengesellschaft die Autorin aufgefordert hatte. Sie dankt ihr für diesen Anstoß, der von den Herren Prof. Dr. Ernst Klett und Dr. Otto Küster ausgegangen ist.
Einer allgemeinen, kurz gefaßten Einführung in das weltbewegende Alte Alexandria und das damit gewissermaßen kontrastierende Eremitendasein und frühe Mönchtum sowie einem Überblick über die Situation der heutigen Kopten folgen in Übersetzung einschlägige originale Dokumente in der Absicht, die Gedankenwelt und Lebenspraxis der Väter der Wüste wie der Klosterbrüder plastisch werden zu lassen. Zu den bedeutenderen Einsiedlern sind im Anhang einige Daten gegeben, die anschließenden Worterklärungen wollen weniger geläufige Begriffe klären. Auf Hinweise ist der besseren Lesbarkeit wegen verzichtet, man möge, wo Fragen auftauchen, in diesem Glossar nachschlagen. In einer chronologischen Übersicht ist versucht, die Relation von Lebensdaten und historischen Ereignissen mit raschem Blick erfaßbar zu machen. Die Zeichnungen, von Susanne Höfler eigens für dieses Buch angefertigt, lassen die künstlerischen Leistungen der Kopten erahnen – soweit dies in Strichabbildungen möglich ist.
Wem es gelingt, sich zweitausend Jahre zurückzuversetzen, wird ein Stück seiner Identität hinzugewinnen.

Menschliche Möglichkeiten, christliche Existenzweisen wurden damals in ihrer Weise exemplarisch vorgelebt.

VORWORT
ZUR DRITTEN AUFLAGE

Am Beginn stehe mein Dank an den Verlag für die Erlaubnis, das nunmehr in neuem Gewand erscheinende Buch in angemessenem Umfang zu erweitern. Da ich ausgezeichnet wurde, die Reise seiner Heiligkeit des Papstes von Alexandrien und Patriarchen der koptischen Kirche, Schenûte III., durch Deutschland zu begleiten, habe ich durch Erlebnis und Gespräche erneut starken Eindruck von der gegenwärtigen Situation der Kopten erfahren und sie zusätzlich durch neue Klosterbesuche vertiefen können.
Außerdem möchte ich, statt weitere Textübersetzungen zu bieten, dem Wunsche der Leser nachkommen, neben dem bisher behandelten Spiritualismus und der Geschichte des Koptentums seine übrigen kulturellen Zeugnisse wenigstens kurz zu würdigen. Ich danke für dieses Interesse. Erweiterungen finden sich auf den Seiten 57 bis 92.

Tübingen, April 1991   Emma Brunner-Traut

EINLEITUNG

Wenn ich im folgenden die historische Leistung der Kopten zu würdigen versuche, so möchte ich meine Darstellung um ein Wort kreisen lassen, das der Mönchsvater Pachom nach der Versicherung seines Schülers Theodor gesprochen haben soll, nämlich: »Ich sehe zur Zeit (1. Hälfte des 4. Jahrhunderts) in unserer Generation in Ägypten drei wichtige Dinge, die mit Gottes und der Menschen Hilfe blühen: Das erste ist der selige Kämpfer, der heilige Apa Athanasios . . ., der bis auf den Tod für den Glauben streitet. Das andere ist unser heiliger Apa Antonius, der das vollkommene Vorbild des anachoretischen Lebens ist. Das dritte ist die Kongregation (das ist der von Pachom gegründete Ordensverband), die ein Vorbild für jeden ist, der in gottgemäßer Weise Seelen zusammenführen will, um sie so weit zu fördern, bis sie vollkommen werden.«
Damit sind die drei Exponenten der drei hervorstechenden Beiträge Ägyptens zum frühen Christentum: zum Dogmenstreit, zur Anachorese und zum Mönchtum, zitiert und ist das Ziel jener Männer formuliert: 1. den Glauben aus dem Gespinst von philosophisch-religiösen Fäden rein herauszuformen und gegen die große Zahl gleichzeitiger Geistesströmungen durchzusetzen, 2. selbst dem eigenen Glaubensverständnis gemäß zu leben, und 3. den »Seelen anderer zur Vollkommenheit zu verhelfen.«
Mit dem eben zitierten Wort des Pachom tritt sogleich ein Anderes ins Blickfeld: die Zweiteilung Ägyptens in Alexandria und in das eigentliche Ägypten, in die Stadt der hochkultivierten Theoretiker und in das Land der verzweiflungs- und hoffnungsvollen Beter und Büßer. Der Gegensatz – es ist ein wirklicher Gegensatz und nicht ein Unterschied – zwischen Alexandria ad Aegyptum (nicht:

in Aegypto!) und Ägypten selbst sowie das harte Beieinander der beiden auf ägyptischem Boden angesiedelten Volksgruppen ist im Auge zu behalten. Daß das Beieinander der griechischen Eindringlinge, die sich dazu hochmütig gaben, und der uralt eingesessenen ägyptischen Bevölkerung, die auf eine leuchtende Vergangenheit stolz blicken konnte und ihren Niedergang sicher ebenso stark dem Aufkommen neuer Kulturen anzulasten hatte wie eigener Erstarrung, daß dies auch sozialpolitisch Spannungen erzeugte, wird von vornherein einleuchten. Griechisch war die unerläßliche Eintrittskarte für die Schule, die koptisch sprechende Bevölkerung war der Verdummung ausgeliefert. Der Landbevölkerung saß zudem der Fiskus an der Gurgel, sie wurde ausgepreßt und sollte weit mehr geben, als sie konnte, während die plutokratischen Alexandriner lasziv und müßig durchs Leben schlenderten.

Kreuz in Oktogon. Wandzeichnung einer Einsiedlerzelle in Esna.

DIE
GESCHICHTE
DER KOPTEN

DIE
»SÄULE DER RECHTGLÄUBIGKEIT«:
ATHANASIOS

In *Alexandria,* der Hafenstadt im äußersten Nordwesten des Nillandes, lebten seit ihrer Gründung durch Alexander den Großen (332 v. Chr.) die Ägypter als grauer Haufe abgedrängt im Westende, die Juden mit ihrem Anspruch auf Privilegien im Osten, im Kern das Eroberervolk. Griechisch war Amtssprache und wurde von allen gebildeten Einwohnern zumindest als Zweitsprache gesprochen. Hier in der Griechenstadt blühte die griechische Philosophie, hier sammelten sich die geistigen Ströme der Zeit, hier rangen Gnosis, Manichäismus, Neuplatonismus miteinander und formierten sich kräftig zum Kampf gegen das aufkommende Christentum; hier wurden später die entscheidenden dogmatischen Streitigkeiten innerhalb des Christentums ausgetragen. Handels- und Kulturzentrum erster Größe, Boden einer polyglotten Bevölkerung, die sich durch Weltoffenheit, aber auch Hybris und Spott auszeichnete, Stätte wissenschaftlicher Gelehrsamkeit, Mittelpunkt von Lehranstalten, Schulen und Bibliotheken, die besonders dem Kultursinn Ptolemaios' II. (285–246 v. Chr.) zu danken sind, war diese unabhängige Metropole allen geistigen und politischen Zentren der damaligen Welt überlegen, ja schwappte über von Geist und Geld.
Aber die vorchristlichen Alexandriner litten auch, litten an Überkultur, Überbewußtheit und Übersensibilität. Sie waren inmitten überfeinerten Geistes geistig-sittlich entwurzelt und waren im brodelnden Gewoge religiöser Vielfalt bar eines Halt gebenden Glaubens. Reflexion und eine mit sinngebenden Werten nur noch tändelnde Redebeflis-

Oberteil einer halbplastischen Grabstele, wahrscheinlich aus Schêch Abâde. 4. Jhdt.; heute in Tübingen.

senheit waren das Komplement zu Skepsis und Pessimismus. Verlassenheitsgefühl gehörte zum Grundbefinden und provozierte schamloses Sich-Ausleben. Nicht Krieg, nicht Not, vielmehr die Nadelspitzenturniere überzüchteter Rhetoriker, deren Welt aufs komplizierteste durchrationalisiert und intellektualisiert war, haben schließlich zu der Krise geführt, aus der asketische Lebensform, die Einfachheit und Naivität innerlich verwandelter, wenn auch vielfach ungeschlachter Menschen herausgeführt hat: der hingebende Glaube der frühen Christen.

Daß es Markus selbst war, der den neuen Glauben in Ägypten verkündet habe, gehört vielleicht der Legende an (trotz 1. Petr. 5, 13: Es grüßen euch, die samt euch auserwählt sind zu Babylon [Alt-Kairo oder Rom?], und mein Sohn Markus). Doch aus der Apostelgeschichte und von Paulus wissen wir, daß der alexandrinische Judenchrist Apollos als Missionar eifrig tätig war (Apg. 18, 24: Es kam aber gen Ephesus ein Jude mit Namen Apollos, von Geburt aus Alexandria, ein beredter Mann und mächtig in der Schrift; Apg. 19, 1; 1. Kor. 1, 12; 3, 4-6; 4, 6). Mit dem Bischof Demetrius (180) sind Christentum wie Kirche in Alexandria klar faßbar, und die bereits durchgebildete Hierarchie beweist, daß sie eine längere Entwicklung hinter sich hat. Manuskripte des Alten und des Neuen Testamentes aus Ägypten datieren bereits um das Jahr 120.

Das frühe Christentum war wenig orthodox im späteren Sinne, in Alexandria wirkte eine Reihe namentlich bekannter Ketzer (Basilides, Valentin). Umgekehrt sind die ersten Christen und geistigen Soldaten Zugereiste: Pantainos und Clemens Alexandrinus (von Athen). Angelockt durch die religiöse Regsamkeit der Stadt, gründeten sie eine Katechetenschule und gewannen durch ihre Vorträge zunächst die Gebildeten für die neue Lehre. Clemens wie der ihn weit überragende Origenes (»Horussohn«) in der folgenden Generation mühten sich, den neuen Glauben zu profilieren und ihn zu verteidigen gegen Heidentum mit Vogelschau und Sterndeutung, gegen Sarapisdiener und Mysterienanhänger und insbesondere gegen die dem Christentum höchst gefährlichen Gnostiker.

Der heilige Markus. Handschriftenillustration, 13. Jhdt.; heute im Vatikan.

Im 4. Jahrhundert aber hatte die Kirche die Zügel fest in der Hand. Es war das Jahrhundert der schweren dogmatischen und kirchenpolitischen Kämpfe mit der von Konstantin berufenen Reichssynode von Nicaea (325) und dem Konzil von Konstantinopel (381), wenn ich damit nur an die beiden großen Schauplätze erinnern darf.
Nunmehr ist es an der Zeit, *Athanasios* einzuführen (geboren 295 in Alexandria, gestorben 373), jene nicht nur nach dem zitierten Urteil des Klostergründers Pachom als epochal bewertete Gestalt der frühen Kirchengeschichte. Das Leben des Athanasios war ausgefüllt vom Kampf gegen die in Nicaea vorläufig zurückgewiesene und verurteilte, aber wieder hochkommende Lehre des Presbyters Arius. Athanasios, »die Säule der Rechtgläubigkeit«, der die Anfänge des Streits mit Arius schon als Diakon miterlebt hatte, hat während seiner 45 Jahre langen Amtszeit (328–373) als Patriarch von Alexandria und auch während seiner insgesamt 17 Jahre dauernden Verbannungszeit diesen Kampf gegen Arius ebenso stiernackig wie füchsisch durchgeführt und, wie ich gleich hinzusetzen möchte, durch diesen Kampf das Christentum als orthodoxen Glauben gerettet. Er war ein Matador, der nicht ruhte, ehe sein Gegner, wie er es nach Apg. 1, 18 formuliert hat, »auf dem Abort zerborsten war«, das heißt Athanasios ihn als Ketzer den Behörden ausgeliefert hatte.
Dieser Bischof schreckte vor keinem Mittel zurück, stürzte Altäre, überrumpelte den Kaiser, schimpfte auf Synoden seine Gegner unter den Tisch und entschlüpfte Gerichtsurteilen durch Versteck und Flucht zur See, wurde sogar des Mordes an einem Glaubensgegner (Melitianer) verdächtigt. Den Einsatz seines Lebens scheute er nicht; er kämpfte zwar auch für die absolute Vormachtstellung des alexandrinischen Kirchenthrones, in erster Linie aber um die von ihm verwaltete rechte Glaubenslehre. Zweifel an der Richtigkeit seiner Theologie kamen ihm nie, er

stürmte fast monomanisch gegen alles an, was von seiner Theologie abwich. Athanasios war Kirchenmann und Politiker, unversöhnlich, zielfest und in seiner Intoleranz weit entfernt von den feingeistigen, konzilianten griechischen Philosophen und Schreibtischgelehrten der Vorgängerzeit.

Im Kern seiner Lehre steht die Bestimmung des Christus-Logos. Christus ist für ihn der inkarnierte Heilbringer, nicht ein adoptierter Gottmensch. Christus ist dem Vater wesensgleich, ist wahrer Gott. Der Begriff des Homoousios ist der Schlüssel seines theologischen Standpunktes, wie ihn auch das Nicaenum formuliert hat. Wenn Konstantin, der den Beschluß in Nicaea ganz persönlich herbeigeführt hatte, in der Folgezeit dem Druck der Arianer nachgab, so tat er dies »um der Eintracht willen«, doch für Athanasios war dies Verrat an der heiligen Sache. Ohne Athanasios wäre die Kirche möglicherweise zur Sekte verkümmert und Jesus zurückgedrängt worden zu einer irgendwie gearteten gotthaltigen Person.

Es kann hier die bewegte Lebensgeschichte des Athanasios im einzelnen nicht nachgezeichnet werden. Er wird, weil er griechische Anmut und hellenischen Adel vermissen läßt, gemäß einer landläufigen Vorstellung als »Pharao auf dem Kirchenstuhl« bezeichnet, wenngleich die Ägyptologen kaum einen Pharao kennen, der mit soviel Rigorosität und Strenge regiert hätte. Athanasios wurde nach Trier (335–337), nach Rom und Aquileia (339–346) und mehrmals in die ägyptische Wüste verbannt (356–365) – mit dem Erfolg, daß er seine Christologie in alle Ecken und Winkel der damaligen Welt trug, insbesondere der lateinischen.

Unter dem heidnischen Kaiser Julian (361–363) wurde Athanasios zum letzten Mal in die Verbannung geschickt, aber dann ließ man den siebzigjährigen »Störenfried« allmählich in Ruhe. Theodosius (379–395) hat die athanasia-

nische Christologie endlich für verbindlich erklärt und damit dem bedeutendsten Kirchenpolitiker und Theologen des 4. Jahrhunderts nach dessen Tod zum endgültigen Sieg verholfen.
Von den vielen Schriften des Athanasios sei einzig die Vita Antonii (Leben des heiligen Antonius) hervorgehoben (s. Texte S. 68 ff.).
Mit ein paar Linien möchte ich nun die Geschichte der Patriarchenstadt bis zu dem Zeitpunkt fortführen, da man im engeren Sinne von »Kopten« spricht, das ist bis zum Konzil von Chalkedon (451), da der mächtigste Patriarch der Alten Welt, eben der von Alexandria, unterlag und die ägyptische Kirche sich als Nationalkirche von der Großkirche abspaltete und ihre periphere Existenz antrat.
Auf den Höhepunkt kirchenpolitischer Macht gelangt das Patriarchat Alexandria im 5. Jahrhundert unter Bischof Kyrill (gestorben 444), der nach Athanasios als der bedeutendste Heilige der alexandrinischen Rechtgläubigkeit verehrt wird. Er brachte die alexandrinischen Heiden endgültig zum Schweigen. Theodosius I. hatte bereits das Serapeum geschlossen (391), die Hauptkultstätte der synkretistischen Heiden; 415 hat der christliche Pöbel unter Mitwirkung der Mönche die in der damaligen Welt hochberühmte neuplatonische Philosophin und Mathematikerin Hypatia bestialisch in Stücke geschnitten – Alarmzeichen genug für die Heiden, sich zurückzuziehen. Kyrill beherrschte die Kirchenpolitik des gesamten Ostens, vollends nachdem er den Patriarchen Nestorius von Konstantinopel vom Patriarchenstuhl gestürzt und dessen Verurteilung als Ketzer auf dem Konzil von Ephesus (431) durchgesetzt hatte.
Unter Kyrills Nachfolger, dem Patriarchen Dioskur, kam es zu dem für Ägypten und die Christenheit verhängnisvollen 4. ökumenischen Konzil von Chalkedon (451), der größten Versammlung der Alten Kirche. Hier wurde die

Zuordnung der beiden »Naturen«, der göttlichen und der menschlichen, in der *einen* »Person« des Logos begrifflich verdeutlicht. Muß der dogmatische Ertrag auch positiv verbucht werden, so bedeutet das Konzil doch den Bruch zwischen den sogenannten »Monophysiten« und den »Orthodoxen«. Die auf dem Konzil als »Monophysiten« abgelehnten Christen unter der Führung von Dioskur wollten die von Kyrill gefaßte Lehrformel von der »*einen* Natur des Gott-Logos, die Fleisch angenommen hat«, nicht aufgeben zugunsten einer »Zweinaturenlehre« und verhielten sich hartnäckiger, als es die Sache erfordert hätte. Die Rivalität der Patriarchenstühle von Alexandria und Konstantinopel sowie der Haß der ägyptischen Bevölkerung auf die anmaßende und ausbeuterische griechische Oberschicht im Land taten das ihre zum Entscheid. Und Dioskur war kein Athanasios. Einen starken Anteil am Ausgang des Kampfes hatten die ägyptischen Mönche, die seit den Tagen des großen Antonius mit dem Erzbischof in Alexandria engen Kontakt pflegten und sich zu Vorkämpfern der Opposition gegen das Chalkedonense machten.

Der Forschung zeigt sich heute immer deutlicher, daß die beiden Parteien mehr terminologisch als sachlich voneinander abwichen und daß außerdem Kyrill einer Fälschung unterlegen war. Der offizielle Beobachter auf dem Vaticanum II hat von einem »schlechthinnigen Mißverständnis« gesprochen, das die Anhänger und Gegner von Chalkedon voneinander getrennt hat. Damit wird der folgenschwere Bruch um so beklagenswerter.

Engel; heutige Tätowierung eines Kopten.

ANTONIUS
UND DIE
VÄTER DER WÜSTE

Im 3. Jahrhundert hatte der Glaube, der sich zunächst bei Juden und Griechen, vor allem in Alexandria, ausgebreitet hatte, auch in Ägypten selbst so stark Wurzeln geschlagen, daß die Bibel, zuerst das Neue Testament und die Psalmen, ins Koptische übersetzt werden mußte. Da der neue Erlöser verkündet wurde, zerfielen die alten Götter zu

Heiligenbildnis auf der Wand einer Zelle aus Esna, 6./7. Jhdt.

Staub oder wurden zu Dämonen. Das »heis theos« (nur *einer* ist Gott) hat mit einem Schlag in den Köpfen neuwertige Vorstellungen geschaffen, obwohl die Idee »Des Göttlichen« die Vielgötterei der Pharaonenzeit als eine Klammer schon immer umschlossen und Echnaton im 14. Jhdt. v. Chr. seine radikal-monotheistische Lehre verkündet hatte – doch zu früh. Jetzt aber versuchte das glaubensstarke und glaubensbedürftige Volk der neuen Lehre gemäß so zu leben, daß es hoffen durfte, vor dem ewigen Richter bestehen zu können. Die Menschen strömten – so verstand man den christlichen Auftrag – zu Tausenden in die Wüste, hausten dort als Anachoreten, verbanden sich zu Eremitenkolonien und später in Mönchssiedlungen. Man kümmerte sich nicht um Philosophie und Spekulation, man hatte – wie ehedem mit den altägyptischen Weisheitslehren – nun mit der Bibel seine Lebensanweisung, und ihr folgte man in strengem Gehorsam.

An der Ausbreitung des Christentums hatte Athanasios einen bedeutenden Anteil. Zwar wandte er sich mit Vorliebe an die Gebildeten, aber er versuchte leidenschaftlich, auch das Volk zu gewinnen. Als erster Bischof von Alexandria hat er nicht nur griechisch, sondern auch koptisch gepredigt und damit das ägyptische Land erfaßt. Mit seiner schon genannten Vita Antonii, die er »den Mönchen in der Fremde«, das heißt denen im Westen, »gesandt« hat, hat er auch seinen Alexandrinern das Ideal eines ägyptischen Eremiten vor Augen gestellt, so daß sich in der Folgezeit die Wüsten Ägyptens mit Anachoreten auch aus Alexandria besiedelten. Ebenso aus dem ganzen Osten des Reiches, vor allem aus Syrien, strömten Gläubige herzu und wurden Väter der ägyptischen Wüste.

Anläßlich der 1600-Jahr-Feier des Todestags des heiligen Antonius schrieb Karl Heussi 1956: »Das koptische Mönchtum ist der Anfang des kirchlichen Mönchtums. Das ist für alle Zeiten einer der strahlendsten Ruhmestitel dieser Kirche, um so mehr, als die koptischen Gründer-Väter diesem Mönchtum auch die wesentlichen Lebensgesetze und strukturellen Umrisse gegeben haben, die es bei aller nachfolgenden Entfaltung und Anpassung bis heute behalten hat. Mit gutem Grund hat demnach die ganze Christenheit in Ost und West die Jubiläen des Antonius Magnus Eremita (250–356) und des Pachomius von Tabennêse (etwa 287–348) gefeiert, des Gründers des Koinobitentums.«

Bereits vor Antonius gab es Einsiedler in der Wüste, die dort ihr asketisches Leben am besten verwirklichen zu können meinten. Die Wüste, bis dahin von den Ägyptern als Landschaft des Todes gefürchtet, galt den frommen Männern als Ort der Dämonen, gegen die sie im Kampf bestehen konnten, wie auch als Ort der Einkehr, der Freiheit und der Gottesnähe, wo sie unablässig beten und psalmodieren konnten, wo sie fasteten und mit einfachen Tätigkeiten, vor allem Körbeflechten und Seildrehen, ihren kargen Lebensunterhalt verdienten. Sie hausten in Felsspalten, Höhlen, verlassenen altägyptischen Gräbern oder auch in Hütten und Zelten (Kellien); sie waren aus Grundsatz seßhaft.

Von Antonius und den führenden Apas der Sketis wissen wir, daß sie dieser Seßhaftigkeit das Wort redeten. Das Wandern in der Wüste, wie es von den syrischen Wanderasketen, den »Ruhelosen« (Akoimeten), bekannt ist, das xeniteuein (Pilgern, Fremdling-Sein), konnte leicht zum planasthai (Zigeunern) werden und wurde daher abgelehnt. Die Zelle führte zur Konzentration.

Oft bebauten die Anachoreten ein Stück Land am Rande der Wüste, aber andere verließen sich auf das Wunder eines aufsprießenden Baumes oder einer vorbeiziehenden Gazellenherde mit einem Muttertier, dessen Euter voll Milch war, oder auch auf die Almosen frommer Pilger. Ihr Besitz war ein als Kleidung dienendes Fell, ein Krug und

Heiliger im Gebet. Von einer Grabplatte; heute in der Dumbarton Oaks Collection.

darüber hinaus kaum mehr. – Um voneinander zu lernen, besuchten sich die Brüder gelegentlich, auch um Rat zu holen, besonders wenn sie sich einer Versuchung ausgesetzt sahen.

Der für alle Zeiten vorbildliche Asket war *Antonius* (250–356). Als Sohn wohlhabender Eltern in Mittelägypten (Kome) geboren und christlich erzogen, wurde Anto-

nius – nach einem beinahe üblichen Erzählschema – mit 20 Jahren Waise und damit Erbe eines großen Landbesitzes (300 Morgen). Während seiner Kontemplation über den evangelischen Ruf zur Armutsnachfolge traf ihn in der Kirche bei der Evangeliumsverlesung der Bibelabschnitt vom reichen Jüngling so tief, daß er noch während des Gottesdienstes die Kirche verließ, seinen Besitz an Arme verschenkte, seine ihm anvertraute Schwester Maria einem Jungfrauenheim, wohl einer Art Kloster (!), übergab und zunächst am Rande seines Heimatdorfes ein asketisches Leben begann. Um nicht von Besuchern belästigt zu werden, zog er sich mehr und mehr in die Wüste zurück, zunächst in die Libysche, setzte dann über den Nil, bis er sich schließlich in einer schwer zugänglichen Felshöhle nahe dem Roten Meer einnistete. Er nahm nur Wasser, wenig Brot (das ihm alle sechs Monate gebracht wurde) und Salz zu sich, baute später ein kleines Feld neben seiner Klausnerei an, um selbständig zu werden, wachte nächtelang, kämpfte gegen wechselnde Dämonen, bis er im Alter von 106 Jahren »als engelgleicher Mensch« starb.
Zweimal mindestens war »der Stern der Wüste« in Alexandria, hatte Fühlung mit der Kirche und war auch mit Athanasios befreundet. Bei seinem ersten Besuch in der kirchlichen Metropole drängte er sich zum Martyrium, doch wurde er dessen nicht gewürdigt. Der zweite Besuch in Alexandria galt dem Kampf gegen die Arianer. Im Zusammenhang mit dem Mönchswesen hat er vor allem Ruhm erlangt durch seine Gründung einer Eremitenkolonie am Fuße des Berges Kolzom, in dem er hauste. Dort schlossen sich seine Jünger zusammen, Antonius stieg von Zeit zu Zeit von seinem Berge herab, unterwies die Zöglinge, und diese versuchten, nach seinen Regeln zu leben. Auch Bischöfe und Fürsten holten sich bei ihm Rat, und seine Briefe an Kaiser Konstantin dürften echt sein. Er diktierte sie koptisch – denn der bildungsfeindliche Ana-

choret war Analphabet –, andere haben sie ins Griechische übersetzt.

Typisch für Antonius ist sein Dämonenglaube, den nahezu alle frühen Mönchsgestalten mit ihm teilen; die Dämonenkämpfe gehören zum eisernen Bestand der Mönchsriten. Einige Male finden sich in den »Aussprüchen der Väter« Ansätze zur psychologischen Erklärung der Dämonen als Leidenschaften, doch die Dämonenangst reicht tief in die pharaonische Zeit zurück, da die Wüste synonym für die Hölle stehen konnte und das Reich der dämonischen Mischwesen darstellte. Als Dämonen galten aber jetzt vornehmlich die heidnischen Götter, wie sie ja bis dahin den Glauben besetzt hatten.

Außer der unorganisierten Leitung der Einsiedlerkolonie liegt die Bedeutung des großen Eremiten darin, daß er die Wüste zum Ort asketischen Lebens weihte. Er hat den geographischen Ort über seine bisherige heilsgeschichtliche Bedeutung hinaus mit Gehalt gefüllt. Die Wüste ist Symbol der Heimatlosigkeit der irdischen Pilgerexistenz und der totalen Entsicherung des Menschen, aber zugleich auch der Ort der größten Wirksamkeit von Satan und Dämonen. Andererseits gilt sie als die Stätte, wo evangelisches Leben ohne Störung und Verführung gelebt werden kann. Nur hier scheint dem *Einsiedler* für seine ephemere Existenz radikale Christusnachfolge möglich.

An dieser Stelle mag man versucht sein, der Frage nachzugehen, aus welchen Gründen damals ganze Menschenschwärme in die Wüste drängten:
Sind sie den Steuereintreibern aus dem Wege gegangen? Konnten sie ihre Lebenshölle nicht länger ertragen? Geschah die Flucht aufgrund theologischer Überlegung oder in schlichter Frömmigkeit? Diente der Kampf in der Wüste der Heiligung oder der Selbstdarstellung der Person; hatte er gar eschatologische Ausrichtung? Oder ist man

den Christenverfolgungen entflohen, die unter Diokletian (284–305) solches Ausmaß annahmen, daß die koptische Kirche mit dem Regierungsantritt dieses Kaisers ihre Jahreszählung begann: im Jahre x der Ära der Märtyrer? (Im ganzen 144 000 oder mehr).
Pauschal läßt sich sagen, daß diese und noch mehr Komponenten zusammenkamen, um die Bewegung hervorzurufen. Halten wir uns an die »Aussprüche der Väter«, die »Apophthegmata Patrum«, so ergibt sich als dominanter Grund ein strenger, wörtlicher Bibelglaube. Davon wird eingehender zu sprechen sein, doch zuvor sei die wichtigste und hier vornehmlich berücksichtigte Quelle für die frühen Einsiedler vorgestellt, die eben genannten *Apophthegmata* (s. Texte S. 95 ff.).

Diese Aussprüche der Väter (meist der Sketis), deren griechische Fassungen auch Gerontikon oder Alphabetikon (Verba seniorum) genannt sind, geben in überreicher Zahl Auskunft über Weisheit und Spontaneität, über unmittelbaren Gehorsam gegen das Wort Gottes, über Bußgesinnung, Armut, Askese, Belehrung, Demut, Gebet, Geduld, Keuschheitsvorstellung und die discretio (Unterscheidungsgabe, richtiges Urteil) und auch die Nächstenliebe. Schon zu Lebzeiten der Väter (4./5. Jahrhundert) gingen die Sprüche von Mund zu Mund. Aufgeschrieben wurden sie etwa Ende des 5. Jahrhunderts. Sie sind primär nicht Lehre, sondern berichten zumeist von einer gleichnishaften Handlung eines Apa und stellen damit indirekt eine der reichsten Lebensanweisungen zum Evangelium dar, wenigstens nach dem Verständnis der Väter.
Literarisch geformt sind sie gern nach einer bestimmten Topik. Ein Fragesteller bittet einen Apa um ein Rhema, ein Leitwort. Der Apa erteilt ihm oft einen (unsinnig erscheinenden) Auftrag, der Bruder führt den Auftrag aus, ohne dessen Sinn zu verstehen. Nun deutet der Apa, meist

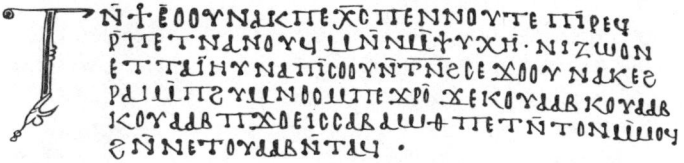

Anfang eines koptischen Hymnenbuches. 9./10. Jhdt.

auf Befragen, die Handlung durch einen Schluß vom Individuellen aufs Typische oder vom Kleinen aufs Große. Dies Schema wird in mehreren Variationen durchgehalten. Daneben stehen mehr der Erzählung und Anekdote zuneigende Formen und nicht zuletzt die – wohl aus dem pharaonischen Ägypten hergeleiteten – Maximen.
Aus diesen Apophthegmata wird mit aller Deutlichkeit erkennbar, daß die Asketen ihre Lebensweise als *Nachfolge Jesu* verstanden. Sie sahen sich als Endglied der Kette: Patriarchen, Propheten, Apostel, Märtyrer. Dabei nahmen sie die Bibel vordergründig wörtlich und absolut, ohne sie situationsbedingt oder historisch zu relativieren oder nach Quellen zu scheiden. Worte, von denen sie sich getroffen fühlten, waren Mt. 4, 19/20, wonach Jesus in Galiläa die ersten Apostel beruft: »Folget mir nach; ich will euch zu Menschenfischern machen. Alsbald verließen sie ihre Netze und folgten ihm nach.« Ausführungsbestimmungen erkannten sie etwa in Apg. 4, 32–35, wo von der Jerusalemer Urgemeinde gesagt ist: »Die Menge aber der Gläubigen war *ein* Herz und *eine* Seele; auch keiner sagte von seinen Gütern, daß sie *sein* wären, sondern es war ihnen alles gemein. Und mit großer Kraft gaben die Apostel Zeugnis von der Auferstehung des Herrn Jesu, und war große Gnade bei ihnen allen. Es war auch keiner unter ihnen, der Mangel hatte: denn wieviel ihrer waren, die da Äcker oder Häuser hatten, die verkauften sie und

brachten das Geld des verkauften Guts und legten es zu der Apostel Füßen; und man gab einem jeglichen, was ihm not war.«

Zu ihrer Armut und Besitzlosigkeit sahen sie sich weiter motiviert durch die Stelle (Mt. 19, 16–21) vom reichen Jüngling, dem Jesus die Weisung gibt, über das Halten der Gebote hinaus »alles zu verkaufen, was er habe; und gib's den Armen, so wirst du einen Schatz im Himmel haben, und komm und folge mir nach.« In dieser Weisung erkannten die Asketen eine Zweistufenethik. Sie empfanden den geringsten Besitz als Raub an den Armen.

Die Weisung zur Keuschheit fanden sie in 1. Kor. 7, 27 ff., wo Paulus zu Ehe und Ehelosigkeit im Blick auf die Vergänglichkeit dieser Welt sagt (32:): »Ich wollte aber, daß ihr ohne Sorge wäret. Wer ledig ist, der sorgt, was dem Herrn angehört, wie er dem Herrn gefalle; (33) wer aber freit, der sorgt, was der Welt angehört, wie er dem Weibe gefalle. Es ist ein Unterschied zwischen einem Weibe und einer Jungfrau: welche nicht freit, die sorgt, was dem Herrn angehört, daß sie heilig sei am Leib und auch am Geist; die aber freit, die sorgt, was der Welt angehört, wie sie dem Manne gefalle... (38). Demnach, welcher verheiratet, der tut wohl; welcher aber nicht verheiratet, der tut besser.«

Von der Befolgung von Mt. 5, 10: »Selig sind die, welche Verfolgung leiden um der Gerechtigkeit willen, denn ihrer ist das Himmelreich« ist es nur ein kleiner Schritt, das Leiden nicht nur zu tragen, sondern zu suchen. Wenn Lk. 6, 25, das »Wehe euch, die ihr jetzt satt seid, denn ihr werdet Hunger leiden!« fortsetzt mit »Wehe euch, die ihr jetzt lacht, denn ihr werdet trauern und wehklagen!«, dann hörten die Mönche nicht allein die Warnung davor, sich satt zu essen, sondern gestatteten sich auch kein Lachen mehr.

Nicht recht erklären können die Bibelforscher das Gebot

des Schweigens, das sich die Asketen auferlegten und das auch später in den Koinobien (s. u.) eine wichtige Rolle hatte. Hier wirkt wohl – wie bei einer Reihe anderer Erscheinungen in Sitte und Glaubenshaltung – das altägyptische Ideal des »Schweigers« nach, das abgekürzt mit demütig ergebenem »Jasager« erklärt sei und nur selten den direkten Wortsinn von »Schweiger« hat.

Der Schweiger ist im pharaonischen Ägypten eine zentrale Figur. Er wird als der Besonnene dem unbeherrschten Hitzkopf gegenübergestellt. Nach der Lebenslehre des Amenemope (etwa 1100 v. Chr.) wird der Schweiger das Heil finden, nach einer älteren Lehre der Name dessen bekannt werden, der schweigt, denn »der Mensch wird von seiner Zunge zerstört«. Gott haßt besonders jenen, der die Rede verfälscht, indem er sein Herz von der Zunge trennt. Das Vorbild für den frommen Mann ist das Krokodil, das nach der Meinung der Alten keine Zunge hat (sie ist am Unterkiefer festgewachsen). Der rechte Schweiger »setzt sich in die Arme Gottes«, er begehrt nicht auf, widerspricht nicht, sondern ist bescheiden und duldsam und nähert sich mit seinen Eigenschaften dem Wunschbild des koptischen Mönches, der die Herzensruhe pflegt.

Obwohl die asketische Haltung der frühen Christen nach ihren Selbstzeugnissen einwandfrei aus dem Neuen Testament abzuleiten ist, hat die Forschung viel Einsatz für die Frage verwendet, wo die Wurzeln dieser Frömmigkeit der Enthaltung stecken. Gemeint ist mit Askese nicht die temporäre Enthaltung von verunreinigender Lebensweise zum Zwecke kultischer Reinheit, sondern die permanente Verzichtübung zur Förderung eines höher bewerteten Lebens.

Die Abgrenzung der verschiedenen Formen von Askese gegeneinander wäre ein Thema für sich. Nur ganz allgemein kann hier angedeutet werden, daß der Askese ein (pessimistischer) Dualismus zugrundeliegt. Dem Christentum wird zwar Dualismus abgesprochen, Widersprüchliches seiner Lehre als »Antithetik« verstanden, in der das verborgene Geheimnis Gottes zu ehren sei, aber um Römer 8, 4 ff., wonach die »fleischlich Gesinnten Gott nicht gefallen, wohl aber die geistlich Gesinnten«, kamen die frühen Christen nicht herum. Stärker noch hat sie die Licht-Finsternis-Antithese des Johannesevangeliums geprägt (1, 5 ff.), die auch in der altägyptischen Theologie hervorragend entfaltet war. In Elia, Elisa, Johannes d. T. und vor allem in Jesus selbst sahen sie ihre Vorbilder. Die Verneinung des Leiblichen ist vielleicht am stärksten ausgesprochen in dem gnostisch-dualistischen Ägypterevangelium, gemäß dem Jesus sagt: »Ich bin gekommen, die Werke des Leiblichen aufzulösen.« Auch wären zum besseren Verständnis des weltverneinenden Verhaltens der frühen Christen (2./3. Jahrhundert) die apokryphen Apostelakten mit ihren asketischen oder enkratitischen Tendenzen heranzuziehen, doch brechen wir hier ab mit dem Hinweis darauf, daß sich das dualistische Erbe im katholischen Glauben im Zölibat gehalten hat, und daß in Luthers Kleinem Katechismus zu lesen ist, daß »Fasten und Leiblich-sich-bereiten eine feine äußerliche Zucht« sei.

In der Entsagung der Eremiten sammeln sich zwar viele asketische Strömungen der Zeit, die so oder so aus Weltindifferenz (nicht-verneinung) oder doch im gleichen spirituellen Klima geboren sind, doch das frühe mönchische Leben erklärt sich wesentlich aus dem Evangelium selbst, es ist aus der Bindung an Christus zu begreifen.

Askese ist für die Mönche letzten Endes ein Angebot der Genugtuung für den Urfall des Menschen. Die Vita ascetica sieht ihr Ziel in der Wiederherstellung dessen, wonach Gott den Menschen geschaffen hat – sein Bild und Gleichnis. Asketische Bußleistung ist der Schlüssel zum Paradies durch die Versöhnung Gottes. In den Apophthegmata sind an Beweggründen des Strebens zur Vervollkommnung durch Askese genannt: Todessehnsucht und Parusie-Erwartung, Trachten nach einem bios angelikos, einem engelgleichen Leben, worin der Kampf gegen Sünde und Dämonen eingeschlossen ist, und schließlich das vacare Deo, Aufnahmebereit-sein für Gott.

Sollte es uns gelingen, aus diesem Zeit-Milieu heraus Männer wie Antonius und seine geistlichen Brüder kraft ihres Glaubens zu verstehen, so bleibt dennoch das lemminghafte Verhalten der Ägypter rätselhaft, das anfangs des 4. Jahrhunderts ungeheure Scharen aus dem fruchtbaren Nilland in die Wüste trieb. Waren sie alle derart glaubenstüchtig und voller Gottessehnsucht? – Ich kann nicht darauf verzichten, hier noch einmal auf die damalige politisch-soziale Lage der Ägypter kurz hinzuweisen.
Ägypten war von den Römern beherrscht und für seine Herren nur als Kornkammer und Papyruslieferant und wegen seiner Webkunst interessant. Das Land gehörte als Großgrundbesitz fast ausschließlich den Griechen, die seit der Ptolemäerzeit in starker Anzahl in ganz Ägypten angesiedelt waren, während die Ägypter als Tagelöhner, allenfalls als Kleinbauern tätig waren. Daneben gab es Hirten, die als Lohnarbeiter das Vieh der Landleute weideten. Sie hatten einen Niedrigstlohn – und der wurde ihnen nicht immer ausgezahlt –, so daß er für eine Familie nicht ausreichte. Aus Mangel an Vermögen konnten viele nicht heiraten. Diese Not findet in der Literatur vielfachen Ausdruck. – Die Steuerkraft des Landes ging unaufhaltsam zurück, entsprechend nahmen die Erpressungen und Bedrückungen zu. Die verarmten Bauern mußten Geld entleihen und es hoch verzinsen. Die meisten Schuldner verendeten im Kerker. Bettler wurden zur Landplage, Diebstahl war an der Tagesordnung, Raubmord ohne Zahl. Da Rom zu schwach war, die Grenzen zu sichern, fielen –

erstmals unter Decius – in Oberägypten die räuberischen Blemyer ein, die in der Wüste zwischen Rotem Meer und Niltal nomadisierten. »Eine ganze Menge (Ägypter) ertrank im Fluß, viele starben auf den Bergen; viele führten sie gefangen weg; viele Jungfrauen schändeten sie; manche Kirchen verbrannten, andere beraubten sie; auch Klöster fielen ihnen zum Opfer.« (s. Texte, S. 140).
Bei aller Not mußte die ägyptische Regierung die römischen Soldaten bezahlen und verköstigen, doch reichten ihre Mittel nicht aus. Das führte zu einem Zustand, den eine koptische Aufzeichnung illustriert: »Dörfer und Städte, Häuser, Wege und Schiffe, Gärten und Äcker, Tennen und Scheunen und Klöster, ja selbst die Opfergaben, die man zu den Stätten Gottes bringen will, werden von den Soldaten geplündert. Und gegen jeden, der sich darüber beschwert, zücken sie den Dolch unter Androhung des Todes. So wissen wir, daß sie viele schlugen und an den Pfahl fesselten . . . Ja, ihre Gewalttaten gleichen denen der Barbaren.« Rechtsunsicherheit und Armut haben in den koptischen Zeugnissen tiefe Spuren hinterlassen.
Die griechischen Grundbesitzer waren fast durchweg noch Heiden – so daß »Hellenes« bei den Ägyptern »Heiden« bedeutet, während sie die griechische Nationalität mit »Jonier« bezeichneten – und voller Verachtung für die armen ägyptisch-christlichen Bauern.
Auf diesem Untergrund mag man rückblickend das feindliche Verhältnis der streitenden Parteien in Chalkedon besser verstehen, muß ihn aber ebenso in Betracht ziehen, wenn man sich die Weltflucht der Nillandbewohner in die Wüste vergegenwärtigt. Steuerdruck und wirtschaftliche Notlage haben die anachoretische Bewegung zwar nicht begründet, aber stark gefördert. In den eschatologischen Versprechen des Christentums sah das ausgebeutete Volk seine Rettung.

PACHOM,
DER GRÜNDER
DER KLÖSTER

Die Stunde des *Pachom*, des »Großen Adlers«, war gekommen. Schon vor ihm gab es Zellengemeinschaften, aber Pachom ist der bahnbrechende Begründer koinobitischen Lebens und der Verfasser der ersten, für Ost und indirekt auch für West maßgebend gebliebenen, vierteiligen Mönchsregel (s. Texte, S. 116). Etwa 320 entstand zu Tabennêse am Nil in Oberägypten das erste Kloster. Seine Bauten: Kirche, Speise- und Schlafraum, Küche und Werkstatt und im Herzen der Anlage der Brunnen, waren durch einen Mauerring zusammengeschlossen. Pachoms Mönchsideal hat bald alle übrigen Typen mönchischen Lebens an den Rand geschoben. Wir sind über den koinós bios (das gemeinsame Leben) außer durch die Praecepta (Regeln), die Hieronymus erstmals übersetzte, durch Pachoms Briefe und Ermahnungen durch Schriften seiner Schüler und die Pachomius-Viten gut unterrichtet.
Pachom (geboren 288) stammt aus einer heidnischen Bauernfamilie des oberägyptischen Latopolis (Esne), ist ohne höhere Schulbildung aufgewachsen, sprach nur koptisch; wurde während seiner Rekrutenzeit durch eine christliche Liebestat bekehrt, ließ sich taufen, schloß sich zunächst als Eremit einem Anachoreten namens Palamon in der Nähe von Chenoboskion an, um von ihm zu lernen. Durch eine himmlische Stimme dazu berufen, baute der fromme und organisationsbegabte Mann sein erstes Kloster, erkennend, daß sich seine eigene Form der Nächstenliebe darin verwirklichte, daß er seinen Brüdern zum rechten Glauben verhalf. Beim Tod des Pachom (348, mutmaßlich starb er an einer epidemischen Viruspneumonie) zählte der

Kuppelkirche im Kloster Dêr es-Surjân im Wâdi Natrûn. 9. Jhdt.

Innenhof des Klosters Dêr es-Surjân im Wâdi Natrûn.

Refektorium im Kloster Dêr Amba Bschoi im Wâdi Natrûn. 4. Jhdt.

»Orden« neun Männer- und zwei Frauenklöster (die seiner Schwester Maria unterstanden), mit mehreren tausend Mönchen und Nonnen und bildete damit die größte Mönchsorganisation der frühen Christenheit. Von Ägypten breitete sich das Klosterwesen auf den Sinai, nach Palästina und Syrien aus und von dort in weitere Provinzen des Römischen Reiches und erreichte über Basileios den Großen (330–379) schließlich Benedikt.
Zwar gab es im Westen unabhängig von den östlichen Mönchsformen selbständige Arten frühchristlicher Askese, doch hatte das östliche, namentlich das ägyptische Mönchtum für die Entstehung wie für die Durchbildung des westlichen Modellcharakter. Die Vita Antonii des in den Westen verbannten Athanasios, die Übersetzung der Basiliusregel durch Rufin von Aquileia und die Übersetzung des Liber Orsiesii (des Buches des Lieblingsschülers von Pachom mit Namen Orsiesius) durch Hieronymus und weitere für das Mönchtum werbende Schriften östlicher Mönchsspritiualität haben das westliche Mönchtum aus einem vormonastischen Zustand ebenso rasch entwickelt wie tiefgreifend geprägt. Auch die Pilger, die seit dem 4. Jahrhundert ins heilige Land strömten, versäumten nicht, die Mönchslandschaften Ägyptens aufzusuchen, und trugen nicht wenig zum Ruf des östlichen Mönchtums bei.
Die koinobitische Lebensweise des Pachomschen Mönchtums ist gegenüber der anachoretischen gekennzeichnet durch drei Merkmale: 1. Die Asketen leben gemeinsam in einer zusammenhängenden, nach außen hin abgeschlossenen Siedlung, dem Koinobion. 2. Das gemeinsame Leben (koinós bios, vita communis) der Asketen steht unter einer gemeinverpflichtenden Regel und unter einem monarchischen Oberhaupte. 3. Die Asketen erwerben den Lebensunterhalt durch gemeinsame Arbeit. Allgemeines Ziel ist dabei die vollkommene Gütergemeinschaft nach

dem Muster der Jerusalemer Gemeinde. Das entscheidende Kennzeichen ist die gemeinschaftliche Klausur, die dem mönchischen Koinobion später den Namen gegeben hat: Kloster.
Der Novize begann sein Klosterleben mit dem Eintritt in das Fremdenhaus neben der Pforte und legte damit Familie, Besitz und eigene Person ab. Nach den Regeln des Pachom war die Kleidung, das »Engelsgewand«, uniform, die Mönche trugen eine leinene Tunika mit Ledergürtel, darüber ein Schaf- oder Ziegenfell, und besaßen Mantel oder Überwurf und Kapuze; an der Kapuze hafteten die Kloster- und die Hausmarke. In den einzelnen Häusern lebten 40 Mönche, die unter der Aufsicht eines »Hausmannes«, eines major domus, das gleiche Handwerk betrieben. Drei bis vier Häuser bildeten die Gemeinschaft einer »tribus« und 30 bis 40 Häuser ein Kloster, ein Koinobion. Bald wurde es nötig, weitere Klöster in der Umgebung zu gründen; sie zusammen stellten den »Klosterverband« dar, einen »Orden«, dem Pachom als Gesetzgeber und Oberhaupt vorstand.
Am Nilbogen, dicht zusammengedrängt, war ein Staat im Staate entstanden, der zentral unter dem Oberhaupt des Generalabtes verwaltet wurde. Durch den Fleiß der Mönche und ihre Bedürfnislosigkeit, durch die Befreiung von der Steuerlast und die straffe Leitung entwickelte sich bald ein für die damaligen Verhältnisse außerordentliches Wirtschaftsunternehmen, das seine Produkte auf ferne Märkte lieferte und dazu sogar einen eigenen Schiffspark auf dem Nil unterhielt.
Vom Standpunkt des römischen Staates aus, der damals schon an seinen äußeren Grenzen bedroht war, ist das Phänomen der Emigration innerhalb des Landes von Tausenden und Abertausenden, die weder Steuern zahlten noch Verwaltungsdienste taten noch Nachkommen hatten, ja keinerlei Leistung für den Staat erbrachten, äußerst

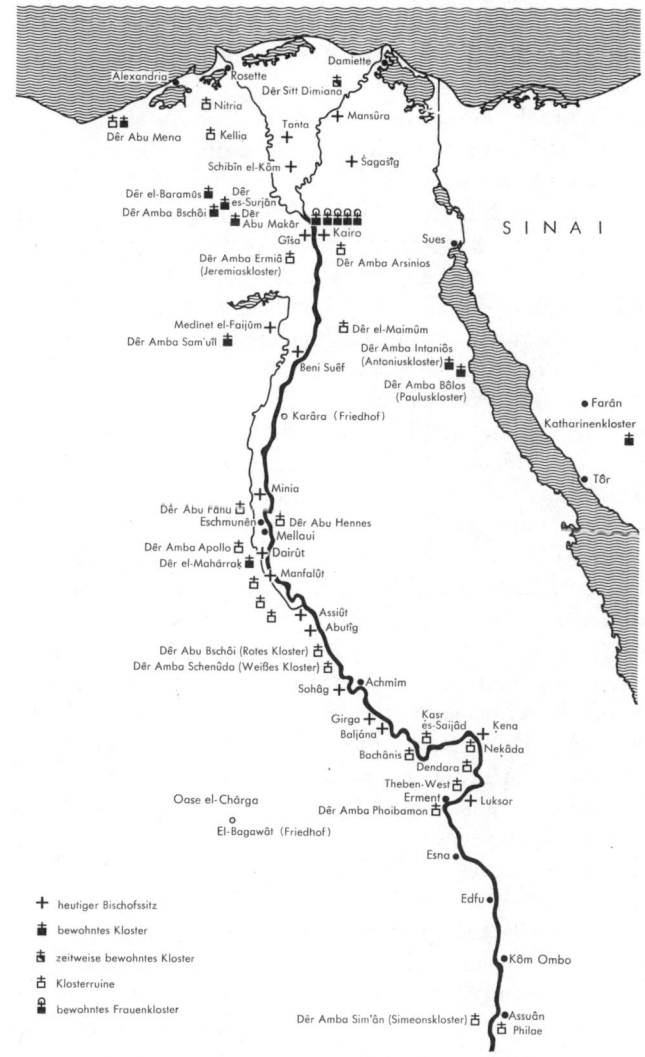

Koptische Klöster und heutige Bischofssitze.

peinlich. Die Härte der Römer gegen ihre ägyptische Provinz wurde hier mit einer Art großer Verweigerung beantwortet.

Das Koinobion war also einfach, einheitlich, geregelt und gemeinsam. Das ora et labora, »bete und arbeite«, das an der Spitze des Gerontikons, der griechischen Fassung der Apophthegmata, steht, war auch für Pachoms Regeln ein Leitgedanke. Wesentlich war ferner die enge Verbindung von Askese und Gebet und die Betonung der Zuchtregeln Schweigen und Gehorsam. Im übrigen sind Pachoms Regeln keineswegs systematisch gegliedert, vielmehr den jeweiligen Bedürfnissen entsprechend lebendig gewachsen. Liturgie und Psalmengebet sind gemeinsam und geregelt, ebenso sind es die Arbeitszeiten. Unter der Autorität ihrer Oberen übten die Brüder Gebet und Bibelexegese; Neues Testament und Psalmen mußten auswendig gelernt werden. Man memorierte das Gelernte bei jeglicher Tätigkeit, während der Arbeit, beim Essen und unterwegs. Die oratio continua, das ständige Gebet, war ideales Ziel. – Liebe und Eintracht unter den Brüdern gehörten zur Grundvoraussetzung. Wer gegen einen Bruder Zorn hegte, galt als entsühnt, wenn er vor Sonnenuntergang bereute, und mit dieser Regel leuchtet eine Maxime der altägyptischen Lebenslehre des Amenemope auf, die allgemein formuliert: »Gehe nicht schlafen, wenn du dich vor dem Morgen fürchtest.« Zu den erstrebten Tugenden gehörten: Gehorsam, Demut, Geduld, Keuschheit, Armut, Ruhe des Herzens (Hesychia), Sanftmut, Wachheit, tätige Liebe.

Die Arbeit diente der Selbsterziehung und Konzentration und war zugleich ein wirtschaftlicher Beitrag oder diente der Nächstenhilfe. Zur Nächstenhilfe sei aus dem Liber Orsiesii, Kapitel 40 zitiert: »Wir, die Stärkeren, müssen die Gebrechen der Schwächeren tragen; wir dürfen nicht uns selbst zu Gefallen leben, sondern zum Nutzen und zur Erbauung des Nächsten.« Ein Bericht des Abtes Schenûte von Atripe (333/334-451) über die Beherbergung von Flüchtlingen, die vor den Raubüberfällen in seinem Kloster Schutz gesucht haben, ist ein schönes Zeugnis sozialer Hilfeleistung frühchristlichen Mönchtums (s. Texte S. 139 ff.). Wir hören an dieser Stelle, daß bei besonderem Notstand der steuerpflichtigen Nillandbauern Mönche zusätzliche Fasttage einlegten, um den fehlenden Betrag durch Einsparung aufzubringen.

Regelmäßiges Fasten und Kasteiung des Leibes waren selbstverständlich, aber sie hatten keinen Selbstwert, sondern dienten dazu, der Seele innere Freiheit zu erringen, die Versklavung an Welt und Leib abzuschütteln. Allerdings wurde den Mönchen zweimal am Tage gekochtes Essen angeboten, und sie schliefen auf Matten, und damit lag der Lebensstandard der Mönche über dem des Landvolkes.

Während das Schweigegebot im altägyptischen Lebensideal tief verwurzelt ist, verdankt der Gehorsam seinen Impuls nicht nur, aber auch dem strengen Reglement, das Pachom bei seinem Rekrutendienst im römischen Heer erfahren hat. Zwar baut Ägypten bereits in der Lebenslehre des Ptah-hotep (um 2350 v. Chr.) auf den Begriffen »Hören, Horchen, Gehorchen« eine Philosophie auf, aber das Verhältnis zum Gehorsam läutert sich bis auf die Höhe des Papyrus Insinger (3.-1. Jahrhundert v. Chr.), wo zwischen der Bedingtheit weltlicher Disziplin und der Unbedingtheit demutsvoller Verneigung vor göttlichem Gebot unterschieden wird. Nach dieser Lehre »gibt es keinen wahren Diener außer dem, der Gott dient«, und schon in der Lehre des Anii (um 1400 v. Chr.) widersetzt sich der (geistige) Sohn den Lehren seines (geistigen) Vaters, schließend mit dem Wort: »Nicht der Weise allein ist sein (Gottes) Zögling, indem er allein vernünftig wäre, die ganze Menge aber töricht . . . Sage zu dem Gotte, der dir Klugheit verliehen hat: ›Setze *Du* ihn auf *Deinen* Weg!‹«

Korbkapitell aus Bauît, 8. Jhdt.; heute in Paris, Louvre.

Abendmahl aus der hölzernen Ikonostase in der Kirche Abu Serga, Alt-Kairo, 11. Jhdt.

und damit verweist der Zögling zwar nicht auf das eigene Gewissen, aber auf die (höhere) Führung Gottes.
Der Gehorsam als Grundprinzip der Pachomschen vita communis spielte zwar schon im Anachoretentum eine wichtige Rolle für das Verhältnis des jungen Einsiedlers zu seinem geistlichen Vater, doch hatte er keine konstitutionelle Funktion, sondern beruhte auf dem charismatischen Ansehen des Apa. Als dies durchkreuzt wurde von Erfahrung und Bibelverständnis (etwa Ende des 5. Jahrhunderts), ging der persönliche Gehorsam auf in der Unterwerfung unter die Klosterregeln. Die Person des Pachom galt in ihrer Eigenschaft als verwaltungsrechtliches Oberhaupt zugleich als Geistträger, den Gott zu seinem Mund gemacht hatte.
Als Eigenheit Pachomianischer Mönchsfrömmigkeit sei die ausgesprochene Humanität genannt. Allein die Idee des Koinobions ist Ausdruck menschlicher Gesinnung, die sich abhebt von dem maßlosen und oft indiskreten Eifer der Anachoreten. Das koinobitische Leben war für den Durchschnittsmönch gegenüber dem Anachoretentum insofern eine Erleichterung, als es die Schwächeren durch die Gemeinschaft stützte, die Übung der Bruderliebe ermöglichte und durch Vorbilder Anregung bot.
Allerdings war die Unterwerfung unter die Gemeinschaftsregeln eine nicht zu mißachtende Leistung. So warnt Pachom immer wieder davor, die Brüder zu überfordern, sie hätten allein durch Gehorsam genug zu leisten. Die Klosterinsassen, die sich vornehmlich aus oberägyptischen Bauernfamilien rekrutierten und die von hellenistisch-philosophischer Denkweise unbeleckt waren, hatten gewiß viel einzuüben, wenn sie auch nur den elementaren Pflichten nachkommen wollten. Der Intellektualismus des Origenes und eine sich von ihm ableitende Systematik des geistlichen Lebens fand in die Spiritualität des Pachom und seiner ersten Jünger keinen Eingang. Pa-

chom war bewußt und betont schlicht und human. Von körperlicher Züchtigung machte er sparsameren Gebrauch als Benedikt und gewiß mäßiger als die Steuereintreiber. Die Größe koinobitischen Mönchtums liegt nach dem Klostergründer in brüderlicher Liebe, gegenseitiger Verantwortung und Hilfeleistung. Pachom selbst macht sich zum Diener aller (s. Text S. 124 ff.).
Die Mönche übernahmen Seelsorge, lernten im Laufe der Zeit lesen und schreiben und erteilten später selbst Unterricht. Das Koptische wurde in den Klöstern zur Literatursprache entwickelt, die Klöster wurden Sammelstätte der Bücher und Hort einer allmählich beginnenden kulturellen Arbeit. So gut wie alles, was an koptischer Kunst überliefert ist: prachtvolle Handschriften, Holz- und Elfenbeinschnitzereien, Wandmalereien, Reliefs, Plastiken und Architektur, stammt aus den Händen der Mönche. Auch darin sind sie Vorläufer der abendländischen Nachfolger. Was das mönchische Ideal in Ägypten vielleicht am stärksten von dem des Abendlandes unterscheidet, ist die vorwiegend individualistische Einstellung. Der opfervolle Einsatz gilt letzten Endes dem eigenen Seelenheil. »Wie werde ich gerettet?« ist die Kernfrage aller. Nicht die stellvertretende Existenz, die der nicht zur Gottesarbeit berufenen Menge zugute komme, sondern selbst die Urvollkommenheit wiederzuerlangen, ist oberstes Lebensziel.

Steinfries mit Kreuzen und Rosetten aus dem Kloster von Baûît, 6. Jhdt.; heute in Paris, Louvre.

SCHENÛTE
DIE
KOPTISCHE
NATIONALKIRCHE

Den Überblick über das koptische Mönchswesen möchte ich nicht abschließen, ohne deren schriftstellerisch bedeutendste Gestalt wenigstens genannt zu haben: *Schenûte* von Atripe (333/334–451 [oder 466?]). Das »Gotteskind«, zunächst exzentrischer Asket im Kloster seines Onkels Pdjol, war (seit 385) Archimandrit des »Weißen Klosters« bei Sohâg, begleitete Kyrill von Alexandria zum Konzil in Ephesus (431), wo er weniger mit dem Geist als mit dem Prügel tätig war, mußte Dioskur für Chalkedon (451) aber den gleichen Dienst versagen, da er 118jährig auf dem Totenbette lag. Er war geistgewandt wie Athanasios, langlebig wie Antonius und Klostervorsteher wie Pachom, aber einzigartig als koptischer Schriftsteller. Seine Predigten dienten noch lang noch seinem Tode als Muster. Sein wahrscheinliches Todesjahr 451 fällt mit dem Chalkedonischen Konzil zusammen.

Während die Kirche Ägyptens vor dem Chalkedonense 150 Jahre lang die dogmatische Führung der Gesamtkirche innehatte, formierte sie sich nun als selbständige Institution, ohne daß sie eine nennenswerte theologische Entwicklung durchgemacht hätte. Nachdem 451 der Patriarch Dioskur I. abgesetzt worden war, bemühten sich die Byzantiner fast 200 Jahre hindurch, die Kopten zum Reichsglauben einer Christologie der Zweinaturenlehre zu führen, in Alexandria orthodoxe Patriarchen durchzusetzen und, sei es durch Beschlüsse, sei es durch Gewalt, das Volk zu gewinnen. Doch die koptische Kirche beharrte auf ihrem Widerstand: Die feindliche Haltung der Ägypter ge-

Grabstele des Schenûte aus Sohâg, 5. Jhdt; heute in Berlin, Staatliche Museen.

gen die anmaßende griechische Oberschicht war zu ausgeprägt, als daß man sich der Reichskirche gebeugt hätte. Auch der Bemühung des Patriarchen Kyros, der nach der Eroberung Ägyptens durch die Perser (etwa 625) vom Kaiser eingesetzt war und der den Monotheletismus durchzusetzen hoffte, haben sich die Kopten widersetzt, ohne noch zu ahnen, welcher Bedrohung ihr Glaube mit dem Ansturm der islamischen Araber (639/642) ausgesetzt sein werde.

Heute machen die Kopten um die zwölf Prozent der ägyptischen Bevölkerung aus und bilden somit die größte Minderheit innerhalb der autochthonen christlichen Minoritäten des Nahen Ostens. Koptische Diözesen (20) reichen bis nach Schwarzafrika und Jerusalem (24 Bischöfe, 1000 Priester), Glaubensverwandte leben in Äthiopien, Armenien und Syrien. Ihnen allen dürften durch die religiöse »Erweckung« des Islam neue Belastungsproben bevorstehen. Aber das Volk, das sich aus seiner durch die Griechen und Römer brutal aufgezwungenen Ohnmacht zu der geschilderten Großleistung im frühen Christentum aufgeschwungen hat und das sich nach seiner Abspaltung 451 trotz byzantinischer Unterdrückung, trotz des sie umgebenden Islam und dazu ohne Unterstützung durch andere Teile der christlichen Welt noch eineinhalb Jahrtausende behauptet hat, läßt auf neue Wunder hoffen. Klöster, in die heute fromme Männer wie zu den Zeiten des Makarios einziehen, dort in steinernen Wandnischen schlafen, die kürzer sind als ihre Körperlänge, und die sich sättigen an Brotbrocken, die mindestens zwei Jahre alt sind und wie ein Kieselstein im Munde bewegt werden, sie verlangen nicht minder Enthaltsamkeit als vor eineinhalbtausend Jahren.

Ist die koptische Kirche als Repräsentant der monophysitischen Kirche seit ihren Anfängen im wesentlichen in ihren Sakramenten, ihrer Hierarchie und ihrem Mönchtum unverändert erhalten, so sind die Kopten – als Typ ergebene, leidensbereite, sanftmütige Menschen – nur aus der Tradition ihrer asketischen Lebensform zu begreifen. Sie sind bis heute weitgehend Urchristen geblieben.

Verziertes Kreuz. Wandzeichnung einer Einsiedlerzelle in Esna.

HISTORISCHE STELLUNG
UND
MISSIONARISCHE BEDEUTUNG

Befragt nach der weltgeschichtlichen Bedeutung Ägyptens für das Christentum, haben wir zwei Schwerpunkte genannt: den Beitrag der Alexandriner zur christlichen Theologie und das Mönchtum. In Alexandria waren die Apologeten Clemens und Origines eifrige Verfechter des Christentums und im Gefolge von Philo als allegorische Exegeten durch die Verchristlichung antiken Erbes bedeutend. Athanasios und seine Nachfolger stellen die größten Führer in den trinitarischen und den daraus resultierenden christologischen Kämpfen um das Dogma dar.

Daß ihre Theologie nicht unabhängig war von pharaonischem Glaubensgut, wurde nur angedeutet. Ergänzend sei für die Gotteslehre kurz erinnert an die altägyptische Konzeption der Trinität, die Gottessohnschaft und Jungfrauengeburt oder an die Umschreibung des pneuma theou, des Geistes Gottes; und für den Totenglauben an die fiktive Zweiteilung des Menschen in Leib und Seele, an Gericht und Auferstehung nach dem Tode, an Himmel und Hölle als jenseitige Reiche, an die Hölle mit den Merkmalen Feuer und Finsternis und ihrer Besiedlung von Dämonen sowie an weitere in ihrer Fülle kaum aufzuzählende Einzelzüge der postmortalen Existenz.

Noch Schenûte war sich dessen nicht bewußt, daß er in Fragen der Auferstehung primär als Ägypter sprach und erst dann als Christ. Für ihn ist der pneumatische Leib der intakte Leib, wenn er auch nicht ausdrücklich von Mumifizierung spricht, wie sie im christlichen Ägypten in Fortsetzung alten Brauches weitergeübt wurde. Selbst Augustinus läßt in einer Predigt über die Auferstehung der To-

ten (Sermo 361) erkennen, daß die Erhaltung des Körpers als Begründung für den Auferstehungsglauben gilt, wenn er sagt: »Der Leib des begrabenen Toten bleibt ja nicht ganz; wenn er nämlich heil bliebe, könnte ich daran glauben, daß er aufersteht.« Noch der oberägyptische Bischof Abraham von Hermonthis gab auf einem Ostrakon Anweisungen für die Beschaffung der zu seiner Mumifizierung nötigen Tücher und Bänder (um 600).
Altägyptischer Glaube, pharaonisches Brauchtum im Toten- und Gottesdienst, seit Jahrtausenden eingefleischte Vorstellungen von Gott und Jenseits fließen in die christliche Gedankenwelt ein, auch in die Aussprüche der Väter der Wüste bzw. in ihr Verständnis von der Heiligung des Menschen. Der Kopte erfährt den neuen Glauben durch den Filter seines Vorglaubens, seiner Weltsicht und seiner Erlösungsbedürftigkeit. Er übernimmt das ihm Gemäße, wählt aus, verschiebt die Akzente und besetzt die leergewordenen Stellen des aufgegebenen Glaubens neu, so daß die Kontinuität ägyptischen Denkens bis in die Zeit des Christentums oft weniger in der Form ungebrochener Tradierung der alten Vorstellungen erscheint als in der dem eigenen Charakter entsprechenden Adaption (jüdisch-)christlicher Gehalte.
Ebenso gut aber wie die Rückbindung des Koptentums an pharaonisches Erbe muß das kategorial Andersartige des frühchristlichen Glaubens betont werden. Der Kampf, dem sich die Menschen der Umbruchzeit zu stellen hatten, schlägt sich nieder in der sie qualvoll bedrängenden Auseinandersetzung mit den »Dämonen«, als welche ihnen die Götterschar mit ihrer 3000jährigen Tradition erschien.
Ein weiteres ist das Verdienst der frühen ägyptischen Christen: Sie haben über ihre Zeit und über ihr Land hinaus gewirkt. So haben sie, wie bereits angedeutet, die abendländischen Klosterregeln entscheidend mitgeprägt.

Die Ausstrahlung über Irland auf altgermanische Kulturen ist noch umstritten, aber wahrscheinlich. Gesichert jedoch ist die Missionierung Nubiens von Ägypten aus in der 1. Hälfte des 6. Jahrhunderts unter Kaiser Justinian. Sie gelang geradezu über Nacht. Ebenso wie die Kopten hingen die Nubier der monophysitischen Lehre an.

Wie Nubien mit dem Sieg des Christentums in kürzester Zeit zu blühendem Leben erwachte, wirtschaftlich, politisch und kulturell, das ist für sich eine spannende Geschichte und kann hier nur als Tatsache eben ausgesprochen werden.

Als der Assuan-Hochdamm, der »Sadd el-ali«, in Nubien einen Stausee von 500 km Länge auszufüllen drohte und Nubiens Denkmäler dem Untergang preisgegeben wurden, hat die Presse genügend von den aufsehenerregenden Entdeckungen berichtet, die im Zusammenhang mit dem Nubien-Rettungsprogramm durch die UNESCO gemacht wurden: den in Kirchen umgebauten altägyptischen Tempeln; der Vielzahl der damals neu errichteten Kirchen und Andachtskapellen, bildfreudig ausgemalt – man denke an die Basilika von Faras –; den Klöstern und den Friedhöfen mit den Grabkapellen; den Siedlungsresten und nicht zuletzt von den meterlangen Schriftrollen aus Gazellenleder mit koptischen und altnubischen und den Papierrollen mit arabisch-koptischen Texten; den Stelen und Graffiti. Aller künstlerischer Reichtum war genährt vom Glauben an die neue Botschaft.

Auch in Nubien zogen sich Eremiten in großer Zahl in Höhlen und verlassene Felsgräber zu einem streng asketischen Leben zurück. Mindestens zwei Könige von Dongola haben dem Thron entsagt und sich in ein Kloster begeben. Trotz seines zähen und opferwilligen Widerstands ist jedoch auch Nubien vor 500 Jahren von den Sarazenen als christliches Reich besiegt worden und ist jetzt islamisch.

Mag das Hindrängen zum Feuerofen, mag die Peitsche auf dem Rücken einer Nonne, mag der ausgedörrte, nie gewaschene Leib eines Antonius unser Empfinden befremden, die historische Leistung der frühchristlichen Ägypter ist von Weltrang. Legende und Bildwerke haben ihnen ein Jahrtausend lang gehuldigt, und für das Initium der in den abendländischen Klöstern hervorgebrachten Kulturarbeit sind wir *ihnen* verpflichtet.

Auch ihr künstlerisches Wirken ist nicht ohne Einfluß auf den Westen geblieben. Die eindrucksvolle Parallelität koptischer und romanischer Bauelemente ist letztlich dem Einfluß Konstantinopels auf alle Stilentwicklung der Spätantike zu danken. Doch in langobardischen Schwertknäufen, auf Fibeln und in der Buchmalerei sind koptische Goldblattkreuze ein beherrschendes Element, und in der Architektur wird vom 8. Jahrhundert an das koptische Flechtband bestimmend. Tierkopfranke, Reiterheiliger, Oranten sind Motive des koptischen Kunstschatzes. Die Darstellungen aus dem Leben des hl. Antonius, oft im Gespräch mit dem hl. Paulus in der Wüste, zeigen im Bild, wie vertraut dem Norden ägyptische Heilige sowie deren Legenden gewesen sind. Nicht zuletzt genannt werden sollte die crux ansata, das altägyptisch-koptische Henkelkreuz (Lebenszeichen = anch), dessen Ähnlichkeit mit dem Kreuzzeichen über synkretistische Übergangsformen für die Verwendung der Kreuzform zu dem Monogramm Christi bzw. dem christlichen Symbol und Heilszeichen den Ausschlag gab. In der Kirche leben das koptische Glöckchen im römisch-katholischen Meßglöckchen ebenso weiter wie das altägyptisch-koptische Lampenlicht im Ewigen Licht der Sakramentslampe. Die Elemente sind dem Westen teils über Irland bekannt geworden.

Auf anderer Ebene liegt die exemplarische Wirkung des Mönchtums auf eine Versittlichung und Vertiefung des christlichen Glaubenslebens. Damals am Nil ist eine auf letzte Wirklichkeiten hin orientierte Lebensform geschaffen worden, die gerade heute so manchem hilfreich sein kann, aus der oft zu beobachtenden Oberflächlichkeit und dem ziellosen Dahinleben herauszufinden.

Verdunstungsgefäß aus Ton, 7. Jhdt.; heute Württembergisches Landesmuseum Stuttgart, als Dauerleihgabe in Tübingen.

KULTUR

Literatur, Sprache, Schrift

Fast das gesamte *Schrifttum* der Kopten ist religiösen Inhaltes. Proben davon sind in diesem Buch gegeben: die Apophthegmata, die als Aussprüche und Lehren der frühen Mönche gelten, die Lebensgeschichten vorbildlicher Mönchsgestalten wie beispielsweise des Klostergründers Pachom, und Textproben von Schenûte, der als einziger Anspruch auf das Prädikat eines Schriftstellers erheben kann. Schenûte hat viele Predigten, Abhandlungen über das Mönchtum, theologische Traktate und vor allem auch Briefe hinterlassen, die bedeutenden Einfluß nicht nur auf die koptische Kirche ausgeübt haben, sondern durch ihre Übersetzungen ins Griechische und Arabische weit darüber hinaus.

Die am meisten geschätzte Literaturform der Predigt ist die Wundergeschichte, wie sie bis heute weiterlebt. Wunder und Zauber, Glaube und Aberglaube gehen Hand in Hand und entsprechen der Gemütsstimmung des nach Geschichte alten, aber nach Matth. 18,3 jungen Volkes. Apostel-, Heiligen- und Märtyrerlegenden sind ohne Zahl. Selbstverständlich fehlt es nicht an koptischen Übersetzungen biblischer Texte des ganzen Neuen und großer Teile des Alten Testamentes, wobei apokryphe und pseudoepigraphe Texte einen weiten Raum einnehmen.

Erst der Fund von 13 koptischen Codices in der Nähe von Nag Hammâdi, 1945, hat genauere Kenntnis der Gnosis gebracht, einer mit dem Christentum stark rivalisierenden Lehre. Die Texte, mindestens 51 verschiedene Schriften,

sind weitgehend Übersetzungen verlorener griechischer Originale und stammen aus dem 4. Jahrhundert. Die koptischen Handschriften, die um 1930 in Medînet Mâdi zutage gekommen sind, haben nicht geringe Bedeutung für die Lehre des 216 in Mesopotamien geborenen Mani. Heute beruht die Erforschung der gnostischen wie der manichäischen Religion im wesentlichen auf diesen koptischen Texten. Koptische Theologie oder Philosophie fehlt so gut wie ganz, die Schriften dienen vorrangig der religiösen Erbauung. Theologisch-philosophischen Tiefgang haben erst die Arbeiten letzter Zeit, vor allem des Papstes Schenûte III.
Literarische Bedeutung haben schließlich kirchliche Gesänge des 9. und 10. Jahrhunderts, die gegenüber byzantinischen Vorlagen eine beachtliche Selbständigkeit nach Inhalt wie Form behaupten. Diese teils kunstvoll aus Introduktion, Soli, Chören und Rezitativen aufgebauten Oratorien zum Gebrauch im Gottesdienst haben biblische Geschichten, Heiligen- und Märtyrerlegenden sowie Lieder zum Kirchenjahr zum Inhalt.
Weltliche, also nichtreligiöse Literatur dürfte weitgehend mündlich verbreitet gewesen sein – erhalten haben sich nur Bruchstücke des in der Spätantike weit verbreiteten Alexander- und des weniger bekannten Kambyses-Romans.
Mit dem Islam, der in Ägypten um 640 seinen politischen Anfang nimmt, siecht die koptische Literatur dahin. Ein Gedicht zum Preise des Koptischen, das Triadon von 1322, ist bereits mit einer arabischen Übersetzung versehen, da der koptische Text offensichtlich nicht mehr recht verstanden wurde. Es gilt als der Schwanengesang der koptischen Literatur.
Die *Sprache* dieser Texte ist eine mit griechischen Wörtern durchsetzte Spätphase des Pharaonisch-Ägyptischen. Sie heißt »Koptisch«, seit sie mit griechischen Buchstaben

geschrieben ist, d. i. seit dem 3. Jahrhundert n. Ch. Man unterscheidet fünf Dialekte: Das oberägyptische Saïdisch ist der Hauptdialekt und dient als Literatursprache, bis das unterägyptische Bohairisch in die Rolle des Saïdischen eintritt; Achmimisch und Subachmimisch und schließlich Faijûmisch sind lokal begrenzte Mundarten.
Rasch gingen Kenntnis und Gebrauch der koptischen Sprache unter islamischer Herrschaft zurück, und schon im 10. Jahrhundert drang die arabische Sprache auch in den Gottesdienst ein. Als Umgangssprache hielt sich das Koptische in einigen abgelegenen Gegenden, in der Liturgie wurden die heiligen Texte noch koptisch verlesen, aber nur in arabischer Übersetzung verstanden. Eine Neuerweckung des Koptischen, durch europäische Forschung unterstützt, wird erhofft. Mehrere akademische Institute in Kairo ermöglichen und fördern die Wiederbelebung der zwischenzeitlich versunkenen Sprache der ägyptischen Urkirche.
Koptisch war die Sprache, die den Jesuiten Athanasius Kircher im 17. Jahrhundert ein Stück weit bei seinen Entzifferungsversuchen der Hieroglyphenschrift geleitet und die dem genialen François Champollion 1822 soweit zum Sieg verholfen hat, daß der deutsche Ägyptologe Richard Lepsius sie wissenschaftlich darstellen konnte.

Die koptische Sprache wird nicht mehr wie die altägyptische mit Hieroglyphen oder mit dem späten Demotisch *geschrieben,* sondern, wie bereits gesagt, mit griechischen Buchstaben, genauer: mit griechischen Majuskeln (Großbuchstaben; Abb. S. 29 und 59), erweitert um acht Zusatzbuchstaben für jene Laute, die dem Griechischen fremd sind (sch, f, ch, h, tsch, kj und ti):

ϣ	ϥ	ϧ	ϩ	ϩ	ϫ	ϭ	ϯ
sch	f	ch	ch	h	tsch	kj	ti

Da mit diesem Alphabet nun auch die Vokale geschrieben werden konnten – nicht nur die Konsonanten wie im Altägyptischen und in allen semitischen Sprachen –, ist uns beschieden, etwas vom Klang der pharaonischen Sprache zu ahnen, und erlaubt, Rückschlüsse auf die lautlichen Vorstufen zu wagen, so daß die koptische Sprache für Ägyptologen unentbehrlich ist und für allgemein orientierte Linguisten vielfach von ausschlaggebendem Wert.

Kunst

Die koptische *Kunst* begrifflich und historisch abzugrenzen, ist bisher nicht ausreichend gelungen, da sowohl alexandrinisch-hellenistische und byzantinische wie später auch frühislamische Einflüsse das altägyptische Erbe oft überlagern. Hier möchte ich vorwiegend die genuinkoptische Kunst ins Auge fassen. Diese autochthon-ägyptische Kunst, die aus dem Stand heraus geschaffen wurde, die alles Außerchristliche und auch Ausländische aus nationalem Haß gegen die Ausbeuter-Völker, ihre Großgrundbesitzer wie ihre Verwaltungsbeamten, ablehnte, war auf sich selbst gestellt und ist fast ausschließlich von primitiven, aber zutiefst von der neuen Religion getroffenen Fellachen aus Mittel- und Oberägypten – d. i. südlich des Deltas – geschaffen. Sie war daher alles andere als verfeinert, lasziv, als routiniert oder dekadent-entseelt, sondern war anfängliche Volkskunst. Bauern oder Handwerker haben geschnitzt, gemodelt, geformt, gemeißelt und den Pinsel geführt, erstmalig, ungeschult. Vornehmlich als Mönche in den Klöstern, als Gläubige in Grabkapellen und Kirchen, auch als Eremiten in ihren Höhlen haben sie zunächst künstlerisch buchstabiert, sich allmählich geschult und schon bald als achtbare Künstler erwiesen, nicht ohne dennoch beeinflußt zu sein von der Spätantike.

Als die christliche Kunst in Ägypten ersteht, sind die späten (»heidnischen«) Tempel des Landes, beispielsweise in Esna, in Edfu und Philae, noch unverändert der Tradition der pharaonischen Kunst verpflichtet. Dort haben ausgebildete Künstler die Wände des Heiligtums mit religiösen Texten der alten Mythen und mit Götterhymnen in tradierter Sicherheit wohlkomponiert überzogen, haben die rituellen Szenen noch immer überzeugend in den Stein gemeißelt, neue differenzierte Kapitellformen entwickelt und die Decken mit überraschenden Darstellungen vollendet ausgestaltet. Die Kopten aber, getrieben von ihrem neuen Glauben an den Einen Gott, mußten im Gewirr der überlieferten Themen und Formen zur Bewältigung einer neuen Technik ihre selbständige Ausdrucksweise finden und sich dafür zunächst die verschiedenen Techniken aneignen. Ohne die zeitlich vorangegangenen Werke künstlerisch beurteilen zu können, haben sie zwar Anregungen von allen Seiten aufgenommen, aber indem sie die Dinge selber herstellten, schufen sie Werke eigener Prägung. Sie gestalteten »koptisch« in Richtung des Urtümlich-Naiven, war doch für Ägypter der Besuch von Gymnasien von der römischen Staatsmacht verboten. Der Gestaltungsdrang war ihnen als den Kindern einer alten Hochkultur, welche sich Jahrtausende hindurch in Bild wie Wort gleichermaßen großmächtig bekundet hat, im Blut, so daß sie rasch staunenswerte Gebilde hervorbrachten. Schmuckbedürfnis entzündete in den Kopten die Bebilderung ihrer Häuser, reizte zur Verzierung ihrer Kleider und Gebrauchsgeräte; in dekorierten Votivgaben spricht sich Bitte und Dank an den Höchsten und seine Schar von Engeln und Heiligen aus; mit hingebender Liebe und zunehmender Sorgfalt werden Klöster, Kapellen und Kirchen künstlerisch ausgestaltet (Abb. S. 22, 51). So stehen neben der Kleinkunst ansehnliche Leistungen an Architektur, Relief sowie Malerei, wenige an Plastik. Als im

6. Jahrhundert. Byzanz durch seine Ausstrahlung selbst die koptischen Klöster stilistisch einzuschmelzen drohte, wie das beispielsweise die Wandmalereien von Baûit beobachten lassen, gelingt es den Kopten, ihre eigene Kunstsprache gegen die Metropole zu behaupten.

Die koptische Kunst ist wie die pharaonische in Bezug auf die kognitive Erfassung eine aspektivische Kunst. Zwar läßt die spätantike Darstellweise einen Rückfall in die Aspektive erkennen, aber das Nicht-mehr vermag ein geschultes Auge von dem Noch-nicht zu unterscheiden. Die koptische Kunst hat, um es verständlicher zu sagen, Gegenstände nicht wie die griechische seit dem fünften vorchristlichen Jahrhundert perspektivisch-ganzheitlich erfaßt – mit den technischen Hilfsmitteln von Winkelverschiebung, Verkürzung, Modellieren durch Farbe und Licht-Schatten und anderem mehr – sondern Aspekt um Aspekt. Statt einen Gegenstand einheitlich unter einem bestimmten Gesichtspunkt wiederzugeben, ergreift Aspektive ein Ganzes durch Addition seiner wesentlichen Teile, reiht sie aneinander, zu einem gefälligen Ganzen geordnet. Dabei kann Aspektive an Einzelteilen, je nach Gewichtung der Elemente, verschiedene auswählen und sie von verschiedenen Ansichtsseiten zeigen, von vorn oder von der Seite.

Aus der aspektivischen Weise, die Dinge kognitiv zu verarbeiten, ergeben sich viele Einzelregeln, die aber hier nicht dargelegt werden können (man vgl. dazu von der Verfasserin *Frühformen des Erkennens,* Darmstadt 1990). Man wolle sich hier mit dem generellen Hinweis begnügen, daß die perspektivische Darstellweise durch einen Distanzgewinn gelungen ist, der frühen Kulturen fehlt. Daraus ergibt sich u. a. außer der Flächigkeit ein Zurücktreten von Dynamis und Organismus. Einzig die Griechen wurden um die Wende vom 6. zum 5. Jahrhundert in dem angedeuteten Sinne der Perspektive mental ergriffen, nachdem die Israeliten bei ihrer Geschichtserfassung, aber nur da, einen Vorsprung hatten. Daß andererseits die Aspektive gegenüber der Perspektive ihre großen Vorzüge hat, sei unterstrichen, wie jeder Gewinn bekanntlich mit einem Verlust bezahlt wird. Die zeichnerische Verkürzung der Dinge bei perspektivischen Werken hat kein Geringerer denn Platon als Schein und Trug beklagt, andererseits bezeichnenderweise Goethe die aspektivische Kunst verachtet.

Sämtliche frühen Kulturen, auch die Kinder auf der ganzen Welt und zu jeder Zeit sowie die zeichnerisch ungeschulten Menschen unserer eigenen Kultur haben diesbezüglich das gleiche kognitive Bewußtsein wie die Alten Ägypter und deren zeitgenössischen Hochkulturen und mit neuem Einsatz die Kopten. Diese aspektivische Grundhaltung ist es, die die genuin-koptische von der Alexandrinischen, der griechisch-hellenistisch-römischen und freilich auch von unserer Gegenwartskunst unterscheidet, soweit die Moderne nicht bewußt zur Aspektive als zu einem Stilmittel greift wie beispielsweise Picasso, Klee oder Chagall. Durch die aspektivische Grundkonzeption erscheint heutigen Betrachtern die Flachkunst, an der sich die Regeln der Darstellung am besten ablesen lassen, also Relief und Malerei, tiefenlos, brettchenhaft und starr. Denn nicht die Dynamis, sondern die Statik scheint das Vorrecht zu haben. Bewegungen geschehen ruckweise, nicht kontinuierlich.

Was die *Symbolzeichen* betrifft, so wurde, wie schon auf Seite 55 gesagt, das koptische Henkelkreuz, die crux ansata, altägyptisch das Lebenszeichen in der Hand der Götter und oft des Königs, gleichwertig für das christliche Kreuz verwendet. Der Gott Horus, der den Drachen als Bild des Urbösen ersticht, wandelte sich christlich zum heiligen Georg und seinen von der Kirche zugelassenen 50 Verwandten. Die Waage, die im Jenseitsgericht die Sünden des Verstorbenen gegen seine guten Taten abwägt, wird in christlichen Bildern vom hl. Michael gehandhabt. Isis, die den Horusknaben auf ihren Knien hält, steht Modell für die Gottesmutter Maria mit dem Jesusknaben im Schoß, die stillende Isis für die Madonna lactans. Solche und ähnliche Sinnbildparallelen bedeuten nichts weiter als die Übernahme fremdsprachlicher Vokabeln in die eigene Sprache mit zwar vergleichbarem und doch neuem Bedeutungsgehalt.

Unter den Händen der Kopten ist in Äypten als neue *Architekturform* die Basilika entstanden. Möglicherweise geht diese Bauform auf das Alte Ägypten zurück. Vorhalle, Säulensaal mit überhöhtem Mitteltrakt der altägyptischen Tempel und Allerheiligstem als der eigentlichen Kultstelle könnten Vorbild gewesen sein für die christliche Kirche mit Narthex (Vorraum), dem von Säulen getragenen Schiff mit überhöhtem Mittelschiff und dem Sanktuar. Daß die koptische Basilika von der römischen Markt-, Lager- oder Palast-Basilika abhängig sei, möglicherweise über den Umweg Nord-Syrien, ist erwogen worden, aber weniger überzeugend.

Die koptische *Basilika,* längsgerichtet und bereits im 4. Jahrhundert nach Osten orientiert, ist ein meist dreischiffiger Bau mit dem schon erwähnten überhöhten Mittelschiff; der Obergaden, der das Licht einfallen läßt, erinnert an den Amontempel in Karnak, dessen Gitterfenster im überhöhten Mitteltrakt das Licht entsprechend in die Tempelhalle einstrahlen lassen. Die Stützenreihe des Mittelschiffes der Basilika, in der Regel den zwölf Monatsheiligen oder Aposteln zugeordnet, trennen Mittel- und Seitenschiffe, die häufig mit Emporen ausgestattet sind, z. B. in den von Reisenden besuchten Alt-Kairener Kirchen der Sitt Barbara und des Abu Serga, beide aus dem 4. Jahrhundert. Der Dachstuhl des Gotteshauses ist in früher Zeit offen. Das Langhaus der Kirche wird von dem Allerheilig-

sten getrennt durch eine »Hidschrab« geheißene (arabisch »Schleier«) Holzwand, die einer Ikonostasis entspricht und meist durchbrochen gearbeitet oder mit ikonenähnlichen Heiligenbildern behängt wird (Abb. S. 45). Das Kultzentrum selbst, das Sanktuar, umfaßt auch die Bischofskathedra und die Subsellien für die Presbyter.
Auch der Abschluß des Sanktuars mit drei Nischen hat seine Entsprechung im ägyptischen Tempelbau. Dagegen dürfte die für die Apsis der koptischen Kirche bezeichnende Rundung und die Kuppeldecke antiker Baugesinnung entspringen. Bemerkenswerterweise ist die Apsis außen gerade abgeschlossen. In koptischen Klöstern, wie beispielsweise in denen das Wâdi Natrûn oder dem Simeonskloster bei Assuân, finden sich wahre Prachtbauten jeglicher Konstruktion, insbesondere Gewölberaritäten in Ziegelbautechnik (Abb. S. 36–38).
Wie im Alten Ägypten galt den Säulen die besondere Aufmerksamkeit der Baumeister. Ihre vielgestaltigen Kapitelle, die schönsten, die die altchristliche Architektur je hervorgebracht hat (Abb. S. 44), wurden den frühromanischen zum Muster. Die Neigung zu abstraktem Dekor und Ornament hat für Friese und Stelen kostbare Entwürfe gebracht (Abb. S. 47), aber auch vegetabilischer Schmuck wie Blumen und Weinranken hat mit stets neuer Phantasie und zumeist mit symbolischem Hintergrund zahlreiche Variationen erfahren.
Der Giebel mit durchbrochenem Geison, wie er besonders Grabstelen und Denksteine umrahmt, ist vom römischen Barock übernommen. Aus der hellenistischen Kunst dagegen stammt die gerippte Muschel, die als Sinnbild ewigen Lebens in Nischen angebracht ist oder auch als Hintergrund für Figuren dient (Abb. S. 2, 178). Bei den neuzeitlichen Kirchenbauten sind nicht selten mehr oder weniger geschmackvoll abendländische Elemente eingebracht. Nicht unerwähnt bleiben darf die gewaltige Markuskathe-

drale in Kairo-Abbasîja, die 1968 anläßlich der Rückführung einiger Reliquien des hl. Markus aus Venedig eingeweiht wurde und seitdem zum bedeutendsten Ort der koptischen Verkündigung geworden ist.

Als großangelegte byzantinische Basilika ragt in Abu Mîna im Norden des Landes heraus die Querschiffkirche der Pilgerstadt am Grabe des Märtyrers Menas. Mit dieser jedoch bis auf die Grundmauern zerstörten Basilika – mit Spannweiten bis zu 14 m und Marmorverkleidung – hängt die nicht weniger großartie Basilika von Hermopolis in Mittelägypten zusammen (Abb. S. 67).

In Mittel- und Oberägypten ist es die Klosterkirche, die seit dem 6. Jahrhundert in den Vordergrund tritt. Nach der Mitte des 1. Jahrtausends hat sich, wohl unter syrischem Einfluß, der dann für die gesamte Ostkirche typische kuppelüberdeckte Kleeblattgrundriß durchgesetzt mit einer schwebenden Kuppel über dem Schnittpunkt der Kreuzesarme. Aus der Kirche des Weißen Klosters in dem mittelägyptischen Sohâg sei als besonderes Merkmal ein trikonches, gegen das Schiff hin abgeschlossenes Sanktuarium erwähnt. – Der oberägyptische Kirchenbau hat über das südliche Philae hinaus nach Nubien und in den nördlichen Sudân gewirkt, dessen stattliche Anzahl meist dreischiffiger und noch bestens erhaltener Basiliken zum größten Teil den Fluten des Sadd el-âli, dem durch den Hochdamm südlich von Assuân aufgestauten Nasser-See, zum Opfer gefallen sind. Nur wenige davon konnten vor der Überflutung wenigstens wissenschaftlich aufgenommen werden, unter ihnen die durch alle Pressen gegangenen Kirchen von Demît und von Farâs. Deren von den Wänden abgelöste Malereien sind heute teils im Museum von Chartûm, teils in Warschau zu besichtigen.

Nach den sieben *Klöstern*, die Pachomius gegründet hat, und den beiden, denen seine Schwester Maria vorstand,

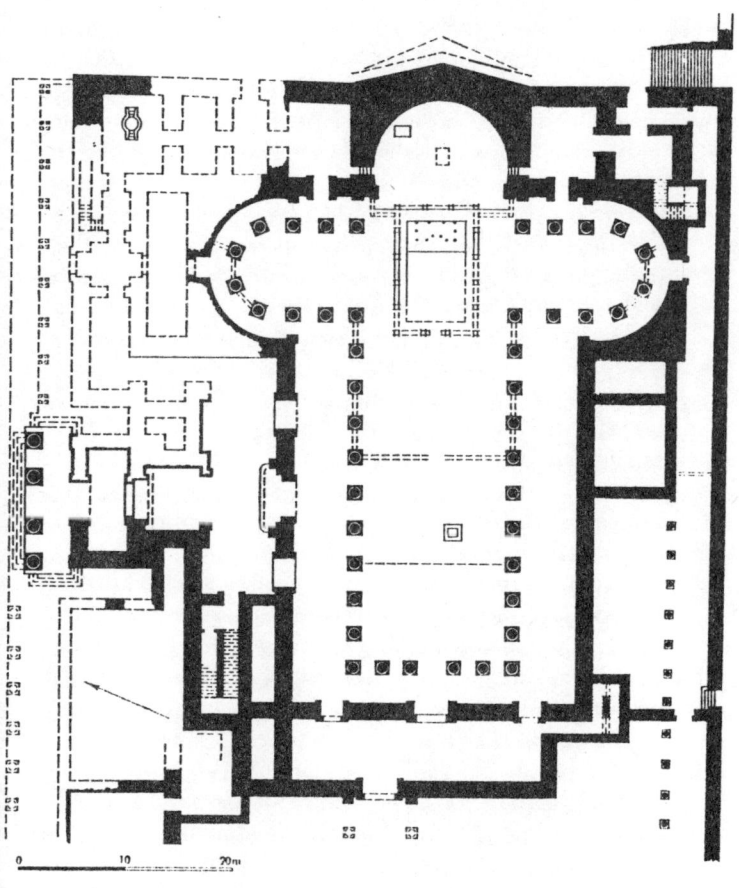

Grundriß der Basilika von Hermopolis magna.

wurde ein Kloster nach dem anderen in rascher Folge vom Delta den Nil hinauf bis in den Sudân und in den ägyptischen Oasen gegründet. Nach koptischen, griechischen und arabischen Urkunden waren es mehrere hundert Klöster, die in der Nitria, den Kellia, in der Sketis, beim heutigen Mellaui, bei Assiût, Achmîm und Girga sowie in der Nilschleife bei Luksor, bei Esna und auch in der weiteren Ost- und Westwüste, häufig an der Stätte altägyptischer Tempel oder in deren Nähe, den Mönchen Heimstatt boten (Karte S. 41). Heute sind diese alten Klöster größtenteils zerstört oder noch nicht ausgegraben, die nubischen im Nasser-See ertrunken. Wissenschaftlich untersucht oder auch freigelegt wurden das »Jeremiaskloster« von Sakkâra, vornehmlich eine Wallfahrtsstätte, das Apollonkloster in Bauît, das gleichnamige von Bala'îsa bei Abutîg, in dem bedeutende Handschriften gefunden wurden, das berühme Pachomius-Kloster »Phoibamum« in der Thebaïs, das Epiphanius-Kloster in Theben-West, schließlich das »Simeons«-Kloster bei Assuân und neuerdings mit archäologischer Akribie das byzantinische Menaskloster südlich von Alexandrien. Die ausgedehnten Klosteranlagen der Kellia waren ergiebig an motivreichen, wenn auch stark zerstörten Wandmalereien. Unweit des Roten Klosters ist bei Sohâg das Weiße Kloster gelegen, nach seinem bedeutendsten Abt auch Dêr (Kloster) Amba Schenûde geheißen, der in seinen zahlreichen Briefen das Klosterleben und -wesen anschaulich vor Augen stellt (Abb. S. 49).

Die ehemaligen Glaubensfestungen waren zum Schutz gegen die sich seit dem 5. Jahrhundert ständig wiederholenden Raubüberfälle der Beduinen von hohen, dicken Mauern umgeben (Abb. S. 36 und 37). Nur eine kleine Pforte diente als Eingang, der aber normalerweise verschlossen blieb. Menschen wie Waren wurden oft in einem Korb oder Seilgeflecht mittels einer Handwinde an der Außenseite der Mauer hochgehievt und durch eine Luke unter der Mauerkrone eingelassen. Das Herz des ummauerten Areals bildete der Ḳasr, ein Fluchtturm (Bergfried, donjon). Dieses »Kloster im Kloster« umschloß den

Brunnen als den Lebensnerv sowie die für die Zeit der Flucht unverzichtbaren Räume und Einrichtungen. Dazu gehörten selbstverständlich eine Kirche, die immer dem heiligen Michael geweiht war, eine Bibliothek, die nötigsten Räume für die Unterkunft der Mönche und ein Versteck für die Klosterschätze. Die Fluchttürme waren nur durch eine Zugbrücke mit der übrigen Siedlung verbunden.

In dem Freiraum zwischen Ḳasr und Mauer scharten sich um die Kirche oder deren Mehrzahl die Mönchszellen mit ihren Kapellen, in den verschiedenen Klöstern verschiedenartig gebaut und angeordnet, immer aber in phantasievoller Unregelmäßigkeit. Küchenhaus, Bäckerei, Mühle und Presse, dazu Werkstätten und Vorratsräume zählten neben der Bibliothek und dem fast immer vorhandenen Refektorium (Speisesaal, Abb. S. 38) zu den obligaten Räumen; ein Gästehaus und der Friedhof ergänzten die Anlage. Die für die theologische, kirchliche, linguistische und koinobitische Forschung wichtigste Hinterlassenschaft der architektonisch hochbedeutsamen Klosterbauten sind die unschätzbaren altchristlichen Handschriften.

Plastik fehlt in der koptischen Kunst so gut wie ganz. Gefertigt wurden kleine Votivfiguren aus Ton, naturferne Gestalten, deren Nase und Brüste oft durch Klümpchen aufgesetzt waren; weiter flache, gelegentlich mit Ohrringen geschmückte »Brettchenpüppchen« mit bunt aufgemalten Kleidern, dazu Kleinfiguren aus Stein und Bronze. Was darüber hinaus in »koptischen« Kunstbüchern an organisch gestalteten Plastiken abgebildet ist, gehört der Spätantike an, zumeist der späteren römischen Kaiserzeit. Das gilt wohl auch für die sogen. »Isismysten« (Abb. S. 15), die bis in den Anfang des 4. Jahrhunderts entstehen: alterslose »Jünglinge« in kurzen Tuniken, häufiger auf

einem Kissen mit untergeschlagenem Bein hockend als
stehend, eine Weintraube in der Hand, ein Tier, meist eine
Taube, in der anderen. Die kindhaft proportionierten
Figuren haben einen embryonal überproportionierten
Kopf mit elevierten Ohren, große runde, offene Augen
und tragen in die Stirn gekämmtes, kurz geschnittenes
Haar. Plastisches Schaffen der Kopten läßt sich am ehesten
greifen bei Grabstelen.

Eine besondere Gruppe von einigen hundert *Grabstelen*
ist durch Münzfunde zwischen 268 und 340 sicher zu
datieren und lokal gesichert. Sie stammt aus Kôm Abu
Billu, der Nekropole des antiken Terenutis, ist in der
altägyptischen Technik des versenkten *Reliefs* gearbeitet
und war ursprünglich bemalt. Die untere Körperpartie der
dargestellten Verstorbenen ist im Profil wiedergegeben,
die obere en face, die Arme winkeln sich mit nach vorn
gewendeten Handflächen in dem von da an ausschließlich
üblichen Adorantengestus ab (Abb. S. 25). Diese Grabstelen wurden sowohl für Ägypter wie für Griechen gefertigt, für Heiden und Christen. – Eine andere ebendort
gefundene Gruppe von Grabstelen ist in erhabenem Relief
gearbeitet, hat Querformat und erinnert in ihrer Kompo-
sition an den römischen Typus der Mahlszene.

Die in Assiût-Lykonpolis gefundenen architektonisch
umrahmten Grabstelen, auf der gesamten Bildfläche mit
Pflanzen- und Tierornamenten überzogen, sind zwei-
schichtig gearbeitet, so daß das Bildmuster über dem
Steingrund zu schweben scheint. Unter den Symboltieren
spielt der antike Seelenvogel, der Pfau, eine Rolle (Abb.
S. 157), der, weil nach persischem Glauben sein Fleisch
unverweslich sei, als Sinnbild der Unsterblichkeit gilt. –
Aus den vielen Werken der Zeit im Mischstil heben sich
die koptischen unverkennbar heraus – um es zur besseren
Verständigung einmal negativ zu formulieren – durch:
unorganische, undynamische Gestalten und maskenhafte

Gesichter, die aus geometrischen oder ornamenthaften Flächen zusammengesetzt scheinen.

Weitere *Reliefarbeiten* in Stein, Holz oder aus Knochen sind auf dieselbe Weise gestaltet, einfache, typisierte Formen beherrschen das Feld. Die Figuren, bei Kompositionen schlicht aufgereiht, wenden sich dem Beschauer zu, Nebenfiguren und Tiere erscheinen als untergeordnete Wesen im Profil. Dramatische Szenen sind höchst selten. Thematisch sind die Darstellungen bis in die Mitte des Jahrtausends fast nahtlos an Szenen aus antiker Mythologie angeschlossen.

Die kaum vor dem 5. Jahrhundert auftretenden christlichen Themen sind vorzugsweise: die Modonna mit dem Kind, die Opferung Isaaks, die Auferweckung des Lazarus, Daniel in der Löwengrube und die drei Jünglinge im Feuerofen sowie der Einzug Jesu in Jerusalem. Sie gehören jenem Gedankenkreis an, der die frühen Christen Ägyptens besonders beschäftigt hat, z. T. angesichts der schweren Verfolgungen, welche zu bestehen die Zuversicht auf die Auferstehung half.

Als christliche Ornamente sind hervorzuheben: das meist von Engeln emporgehobene, anfangs gleichschenklige Kreuz (Abb. S. 12, 85), die wohl als Christus zu verstehende imago cliptea sowie die Weinrebe als Sinnbild der Kirche (Joh. 15,5). Ob griechische Mythengestalten christlich umgedeutet sind, wie Orpheus und Eurydike zu David und Melodia, die Geburt der Aphrodite zur Auferstehung, Leda mit dem Schwan zur Verkündigung, oder ob diese Bilder nicht der spätantiken, also nicht im engeren Sinne der koptischen Kunst zugehören, bleibe offen.

Wie im Relief so hat auch in der *Malerei* die koptische Kunst ihren eigenen Weg gefunden. Die Mönche malten wie noch heute ihre Zellen aus, außerdem die Kirchen und Kapellen ihrer Klöster. Nicht weniger dekoriert waren die

Wände der Gemeinde-Kirchen, die Grabkapellen der Friedhöfe, ja selbst die ärmlichen Wohnhäuser. Bedauerlicherweise sind die meisten frühen (Fresko-)Malereien der aus Lehmziegel errichteten Bauten im Laufe der Zeit und durch die verschiedenen Verwüstungen der Verfolger zugrundegegangen. Gut erhaltene Zeugnisse bieten die Kapellen der ausgedehnten Friedhofsanlagen in El-Bagawât in der Oase El-Chârga sowie die im Zusammenhang mit der Rettungskampagne Nubiens freigelegten Kirchen von Demît und Farâs, ansehnliche Reste bieten einige Klöster, vor allem Baûît.
Die bis ins 5. Jahrhundert reichenden Malereien der Friedhofskapellen von El-Bagawât sind in ihren verschiedenen Stilen und Qualitäten besonders lehrreich. Die Themen sind vorzugsweise dem Alten Testament entnommen, die Drei Jünglinge im Feuerofen, die Zersägung des Jeremia oder der Auszug aus Ägypten zählen zu den klassischen Motiven. Die Bilder stehen in Rot- bis Violettönen auf weißem Grund, sind ohne Vorzeichnung mit harter Kontur meist ebenso naiv wie kühn in hieroglyphischer Vereinfachung altägyptisch-aspektivisch bald locker zusammengestellt, bald gut komponiert. In der »Kapelle des Auszugs« sind wie im pharaonischen Ägypten den Bildfiguren meist die Namen beigesellt.
Die 1961/62 entdeckte dreischiffige Kirche von Farâs, hart südlich der ägyptisch-sudanesischen Grenze gelegen, vom Gemäuer eines jüngeren Klosters überdeckt und völlig unter dem Sand vergraben, hat mit ihren über hundert, teils jede Erwartung übertreffend gut erhaltenen, fremdartig schönen Wandmalereien großes Aufsehen erregt. Daß die vor den Fluten des Nasser-Sees geborgenen bemalten Wandstücke heute in Chartûm und in Warschau geborgen sind, wurde Seite 66 gesagt. Die Kirche von Farâs, zeitweise Hauptstadt des nubischen Nobatia, das dem Patriarchen von Alexandria unterstellt war, wurde im

Anfang des 8. Jahrhunderts als Basilika gebaut, nach knapp 300 Jahren umgebaut und überkuppelt. Die auf mehreren Putzschichten übereinander liegenden Malereien und Inschriften beweisen das kontinuierlich rege christliche Leben im mittelalterlichen Nubien, dessen zäher Widerstand gegen die Islamisierung heute von den meisten vergessen ist.
Die vorbasilikalen, unter dem Einfluß frühbyzantinischer Kunst stehenden Malereien gehören zum Schönsten, was in der Zeit Justinians I. überhaupt hervorgebracht worden ist. Im 8. Jahrhundert vollzieht sich deutlich ein Wandel zum Koptischen im strengen Sinne. Die Bilder sind nun meist in Braun- und Rottönen gehalten, mit wenig Grün und Violett unterbrochen, sind flächig ornamental und typisiert, indes die Malschichten aus dem 11. Jahrhundert sich überraschenderweise erneut der byzantinischen Darstellweise nähern und mit ihren lockeren und gefälligeren Formen eine andere Seite des Betrachters ansprechen.

Im Kloster Bauît sind Reste von Wandfriesen mit biblischen wie auch profanen Szenen erhalten, die Apsiden in den Andachtskapellen der Mönche mit der Himmelfahrt Christi in formelhafter Weise ausgestaltet: In der Wölbung thront Christus in einer runden Gloriole mit Evangelium in seiner Linken und mit segnend erhobener Rechten. In einer Zone darunter thront in der Mitte Maria mit dem Kind zwischen gleichmäßig nebeneinander aufgereihten Aposteln und Heiligen. Diese Bilder, deren Thema die bewegte Szene der Himmelfahrt Christi bedeutet, sind statisch umformuliert, so daß sie ikonenhaften Charakter annehmen. Ihr Vorbild vermutet man in der Himmelfahrtskirche in Jerusalem, deren Ausgestaltung auf die Berufungsvision von Ezechiel, 1 und 10,9 ff. zurückgeht.
Neben den streng hieratischen Themen aus dem Alten und Neuen Testament wurde in demselben Kloster ein Frag-

ment gefunden, das mit einer Szene aus dem Katzen-Mäusekrieg bemalt ist. Die dem Bild zugrunde liegende Geschichte vom Kampf zwischen den beiden Tiervölkern, deren Schlachtenglück mehrmals wechselt, bis die Katzen endgültig die Oberhand haben und die Mäuse für ewige Zeiten unter die Erde verweisen, geht ins Alte Ägypten zurück und wird noch heute schnadahüpflähnlich am Nil gesungen: Sie hat sich die Welt von Indien bis Spanien und von Moskau bis Äthiopien erobert, wird bald als Heiligenlied, bald als Predigtmärlein, bald als Tenzone vorgetragen. Das klösterliche Fresko, das heute im Koptischen Museum in Alt-Kairo gezeigt wird, ist ein hübscher Beweis dafür, daß die Mönche nicht etwa nur mit finsterem Ernst im Gebet lagen, sondern sich auch heiter vergnügen konnten. – Die Wandmalereien des dem Kloster von Baût an Bedeutung gleichkommenden Klosters von Sakkâra, des Jeremiasklosters aus dem späten 6. Jahrhundert, stehen dem Baûtischen Kunstkreis nahe.

Zum Schluß sei aus der koptischen Malkunst der in Tempera-Technik, d. h. mit durch Eigelb gebundenen Farben gemalten *Ikonen* gedacht. Diese feierlich-strengen Heiligenbilder stehen in ihrer überindividuellen, entpersönlichten Abstraktion den individuell zugeordneten, von Griechen hauptsächlich im Faijûm hergestellten Mumienporträts zwar stilistisch andersartig gegenüber, doch sind sie ihnen ebenso verpflichtet wie dem byzantinischen Heiligenbild.

Die koptische Miniaturmalerei hat sich in *Buchillustrationen* niedergeschlagen (Abb. S. 17), die auch im Abendland weitergewirkt haben. Als Tätowierung, meist neben dem Kreuz auf der Innenseite des Handgelenks, lebt sie, technisch umgesetzt, bis heute weiter (Abb. S. 21 und 78).

Wie es einer Volkskunst wohl ansteht, ist die *Kleinkunst* der Kopten mit Liebe gepflegt. Voran steht ihre Textil-

kunst, daneben künstlerisches Gewerbe der verschiedensten Materialien, so *Schnitzereien* in Elfenbein und Knochen (Abb. S. 149 und 171), auch in Holz (Abb. S. 178). Von Alexandria angeregt, entstanden Schnitzarbeiten für Einlagen in Möbel, Türen und Wände. Ganze Wandbekleidungen oder Konsolen und Türfüllungen aus Holz waren kunstvoll geschnitzt, vielfach dazu mit Heiligenbildern und farbigen Einlagen ausgestattet. – Nicht unbedacht bleibe die Kunst der *Töpferei* (Abb. S. 56).
Die Begabung der Kopten für ornamentale Dekoration von Fläche kommt aber besonders zum Tragen in der *Textilkunst* (Abb. S. 160). Als Werkstoff wurde vor allem Leinen verwendet, dann auch Wolle; Baumwolle höchst selten, später die aus dem Fernen Osten eingeführte Seide. Die ägyptische Produktion in der Leinenweberei übersteigt fast die Vorstellungskraft. Vorhänge, Decken und Wandbehänge, (liturgische) Gewänder, Borten, Besatzstücke und Mumientücher – denn die Kopten haben die Mumifizierung gelegentlich beibehalten bis ins 7. Jahrhundert – sind vornehmlich überkommen aus den Textilzentren Achmîm-Panopolis in Oberägypten, aus Karânis im Faijûm, aus Schêch Abâda bei dem antiken Antinoë oder aus Hermopolis beim heutigen El-Eschmunên. An Webtechniken seien herausgehoben die Noppenweberei und das Doppelgewebe Polymita.
Borten sind häufig mit dem »Fliegenden Hund« eingerahmt, sie kennen die sogenannten ›Syrischen Kreise‹; große Webstücke sind mit Medaillons bedeckt, welche Tiere und Pflanzenmotive umschließen, die Alexandrinischen Muster u. a. an dem Purpur ihrer Farbe zu erkennen; Decken und Vorhänge für liturgischen Gebrauch mit Kreuzen und auch Reiterheiligen geschmückt, doch sind die christlichen Themen in der Minderzahl. Häufig dagegen finden sich mythologische Szenen aus der Antike, daneben auch die sogenannten »Tänzer« mit »Stand- und

Spielbein«-Versuchen. Für Gewandschmuck gab es kanonische Regeln.
Die sterotypen Gestalten sind wie in der Reliefkunst unkörperlich, ornamenthaft und häufig symmetrisch gebildet. Die Figuren waren eingewirkt, die feinsten Zeichnungen mit der Fliegenden Nadel ausgeführt. Unter dem Einfluß der Sassaniden in islamischer Zeit sind die Webmuster der Stickerei gewichen. Koptische, oft golddurchwirkte Stoffe, wie sie noch heute in Assiût hergestellt werden, waren kostbare Exportware. Man findet sie angeblich als Beutegut der Kreuzfahrer, in alten Kirchen Europas, in den Schatzkammern an der nördlichen Mittelmeerküste sowie im Serail von Konstantinopel.
Nach dem Einbruch des Islam gerät die koptische Kunst mehr und mehr unter dessen Einfluß, dem die – oft oben spitzen – Blendbögen zu danken sind, oder die kleinen Kuppeln, die an der Stelle des offenen Dachstuhles die Kirchen decken; auch byzantinische und sogar venezianische Vorbilder haben eingewirkt. Andererseits hat die koptische Kunst auf benachbarte Kulturgebiete ausgestrahlt, selbst auf die frühe Kunst Westeuropas. Ihr Weg führte über Marseille und das Rhônetal bis Irland und von dort weiter in nördliche Zonen. Auch wirkte sie zurück über Byzanz nach Armenien und Georgien. Ganz und gar abhängig von ihr ist die Kunst des christlichen Äthiopien, schließlich hat im Vollzug des Gebens und Nehmens auch die frühislamische Kunst Elemente der koptischen aufgenommen und weiterentwickelt. Die Kopten, die anfänglich unter vielfältigem Einfluß standen, besonders dem der Hellenen und Byzantiner, und die ihre ersten Werke recht linkisch begannen, haben ihre Kunst eigenständig entwickelt und sie nicht nur in den über Kirchen und Friedhöfen aufsteigenden Moscheen weiterausgeübt, sondern auch Zeichen gesetzt im orbis christianus catholicus. Heute beginnen sie, die unterbrochene Kunsttradition wieder aufzunehmen.

DIE KOPTEN HEUTE

Unter der Leitung ihrer Väter haben die Kopten ihren Glauben von Anfang bis heute unversehrt erhalten. Sie blieben dem Erbe des Markus treu und hielten an den Entscheidungen der drei ökumenischen Konzile – von Nicaea (325), Konstantinopel (381) und Ephesus (431) – fest. So darf die koptische Kirche mit Recht als lebendige Fortsetzung der Urkirche erkannt werden.
Die Kopten haben aber nicht allein das geistliche Erbe ihrer apostolischen Väter bewahrt, sie haben auch die apostolische Sukzession beibehalten.
Heute untersteht die Kirche dem Papst und Patriarchen Amba Schenûte III., dem 117. Nachfolger des Evangelisten Markus. Dieser tatkräftige Mann wurde jedoch nach wiederholten Zusammenstößen zwischen Muslimen und Christen 1981 verbannt, und das Haupt des ihn vertretenden Fünferrats, Bischof Samuel, kam bei dem Attentat auf den Präsidenten Anwar al-Sadat ums Leben, so daß in dieser Interimszeit die koptische Kirche empfindlich geschwächt wurde.
Dennoch blieb sie eine lebendige Kirche, die koptischen Laien sind vorbildlich rege; jede Kirche hat ihren Gemeinderat mit mehreren Ausschüssen. Auch Frauen bilden zunehmend Ausschüsse und sind aus ihrer kontemplativen Haltung in ein aktives Verhältnis zur Kirche herausgetreten, insbesondere im sozialen Sektor.
Die caritative Betätigung umfaßt einen weiten Umkreis. Allein in Kairo zählt man über 150 koptische Organisationen wie: Schulen, Waisenhäuser, Altersheime, Kliniken und Krankenhäuser, Kinderversorgungs- oder Frauen-

Kreuzigung; heutige Tätowierung eines Kopten.

hilfsstationen. Für die meist koptischen Müllmänner (Sabalin) in Kairo ist – auch mit Hilfe der evangelischen und der katholischen Kirche in Deutschland – ein Fürsorge- und Ausbildungsinstitut geschaffen worden. Blindenheime (mit einer Blindenzeitschrift), Studentenheime und Horte für Arbeiterkinder, werden laufend ausgebaut, nachdem es bereits seit 1928 einen »Verband der christlichen Jugend« und seit 1953 eine »Wohlfahrtsgesellschaft« gibt.
Besonderen Rang erhielt die religiöse Unterweisung und die Lehre der koptischen Sprache. Die Kirche veranstaltet außerdem Ausstellungen für Kunst und Literatur, und das Institut für koptische Studien Kongresse für koptische Forschung. Das Matthäus- wie auch das Markusevangelium sind neu ins Arabische übersetzt worden, eine kopti-

Heutiger Mönch beim Kopieren einer koptischen Handschrift in einem Kloster.

sche Enzyklopädie ist im Entstehen. Eine dominante Entwicklungstendenz innerhalb der Kirche ist die Betonung der geistlichen Tradition, wie sie sich vor allem in der Liturgie und im asketischen Mönchtum findet. So ist der mindestens zwei Stunden dauernde Sonntagsgottesdienst stark besucht, und die junge Generation fühlt sich zunehmend angezogen vom klösterlichen Leben, das in den letzten drei Jahrzehnten einen ungeahnten Aufschwung genommen hat. Nicht mehr stumpf in den Klöstern dahinsiechende, ignorante Mönche, sondern vorwiegend graduierte Akademiker bilden den heutigen Nachwuchs der Klöster, neun für Männer, für Frauen sechs.

Daneben sind in den letzten Jahren neuartige Klostergemeinschaften entstanden, die kontemplatives Leben mit aktivem sozialem Einsatz verbinden. Ihre Mitglieder können sich nach einer Einführungszeit zu gemeinsamem Wohnen verpflichten oder auch allein leben und ihrer Berufsarbeit weiter nachgehen, müssen sich nur zu Zusammenkünften in bestimmten Abständen bereitfinden. Den Antrieb zu dieser Art Mönchsleben gab Mattha al-Maskin, ein Mönch aus dem Makarioskloster im Wâdi Natrûn, seit 1969 dessen Vorsteher und Neubegründer.
Besonderer Beachtung empfohlen seien – neben der tiefgreifenden religiösen Erneuerung der koptischen Kirche – ihre Bemühungen während der drei letzten Jahrzehnte, die Kontakte zwischen Rom und Alexandria wirksam zu entfalten. Ihre Anfänge sind dem Patriarchen Kyrillos VI., der 1959 sein Amt antrat, und dem 1963 gewählten Papst Paul VI. zu danken. Diese beiden Kirchenfürsten haben die neuerliche Annäherung der Kirche des Apostels Petrus und der des Evangelisten Markus gemeinsam in die Wege geleitet. Schließlich – so ergab die historische Betrachtung – sind es nicht religiöse, sondern vorwiegend politische Gründe, die 451 die Trennung herbeigeführt haben.
Der zu Recht als Reformpatriarch angesehene Kyrillos VI. hat bereits sechs Wochen nach seiner Einsetzung die Kirche von Äthiopien in ihre Selbständigkeit entlassen und einen eigenen äthiopischen Patriarchen geweiht. 1961 ist die neue koptisch-theologische Fakultät in Kairo eröffnet worden, und erstmals nach über 1000 Jahren konnte mit dem Menaskloster nahe Alexandria ein neues Kloster gegründet werden.
Seit Ende 1964 existiert eine theologische Akademie mit sechs Zweigstellen (seit 1972) an verschiedenen Orten, Ende 1974 ist ihnen ein Bibelinstitut an die Seite getreten. Die Zahl der Kirchen in Kairo ist seit 1959 von 60 auf 105 gestiegen, in Alexandria entsprechend. Kyrillos VI. för-

derte sowohl die Zusammenarbeit der altorientalischen Kirchen, wie er auch in Verbindung trat mit den orthodoxen Kirchen und ferner die Mitarbeit im Ökumenischen Rat der Kirchen intensivierte. Zum 2. Vatikanischen Konzil entsandte er eine offizielle Delegation. Im Zenit seines Pontifikates stand die 1900-Jahr-Feier des Martyriums des Evangelisten Markus, bei der die St.-Markus-Kathedrale in Kairo eingeweiht wurde (Juni 1968) als ein würdiges Gehäuse für dessen Reliquien, die Venedig anläßlich des Jubiläums an die koptische Kirche zurückgegeben hat.
Kyrills Amtsnachfolger, Papst Schenûte III. (1971 gewählt) setzte das ökumenische Bestreben ebenso wie die Erneuerungsbewegung der koptischen Kirche mit nicht minderem Einsatz fort. Berühmt geworden sind seine Freitagabend-Veranstaltungen in der neuen Markuskathedrale. Zweieinhalb und mehr Stunden hielt er regelmäßig vor etwa 7000–10 000 Hörern geistliche Vorträge und beantwortete Fragen seiner Gemeinde; einmal wöchentlich hielt er Katechesen in Alexandria.
Vom 4.–11. Mai 1973 machte Schenûte III. einen offiziellen Besuch in Rom und war dort Gast im Johannes-Turm der Vatikanischen Gärten. Am 6. Mai begingen beide Kirchen den 1600. Todestag des Athanasios in einem Festgottesdienst im Petersdom, wobei Papst Paul VI. den koptischen Patriarchen mit den Worten begrüßte:
»Das ist der Tag, den Gott gemacht hat. Laßt uns frohlocken und fröhlich sein!« Diese Akklamation der Osterliturgie wiederholen wir aus dem gegenwärtigen Anlaß, denn die Anwesenheit des Patriarchen Schenûte III. – der ebenfalls mit dem Titel »Papst« der altehrwürdigen koptischen Kirche geehrt wird, deren Sitz in Alexandrien ist – erhebt und ergreift unser Gemüt. Hier ist das Oberhaupt einer Kirche, die noch immer offiziell von uns getrennt ist und seit Jahrhunderten nicht an der Feier des gemeinschaftlichen Gebets mit dieser römischen Kirche teilgenommen hat.

Aber er ist das Oberhaupt einer Kirche, deren Ursprünge auf den Evangelisten Markus zurückreichen, den der hl. Petrus seinen Sohn nannte (1. Petr. 5, 13). Diese Kirche hatte im hl. Athanasius, dessen 1600jährigen Todestag wir heute begehen, einen unerschütterlichen Verfechter unseres gemeinsamen nicaenischen Glaubens, d. h. des Glaubens an die Gottheit unseres Herrn Jesus Christus, wie er von Simon, Sohn des Jonas, kraft göttlicher Eingebung bekannt wurde. Daher wurde Simon von Christus selbst umgewandelt in Petrus, den Fels, und zum Fundament der ganzen Kirche gemacht.
Der koptische Patriarch ist mit voller Absicht und aus eigenem Antrieb hierhergekommen, um das Band der Liebe (vgl. Kol. 3,14) wieder anzuknüpfen. Das ist ein verheißungsvolles Anzeichen jener vollkommenen Einheit des Geistes (vgl. Eph. 4,5), die wir nach dem vor kurzem abgehaltenen ökumenischen Konzil, dem II. Vaticanum, demütig, aber aufrichtig wiederherzustellen suchen.«
Schenûte faßte die Bemühungen um die Gemeinschaft beider Kirchen folgendermaßen zusammen: »Die freundschaftlichen Beziehungen zwischen der römisch-katholischen und der koptisch-orthodoxen Kirche sind in unserer Generation besonders durch Besprechungen, Besuche und Botschaften verstärkt und erweitert worden. Koptische Delegierte nahmen an den Sitzungsperioden des Vatikanischen Konzils von 1962 teil. Katholische Beobachter kamen zur Einweihungsfeier der Markus-Kathedrale in Kairo im Juni 1968. Das Geschenk der Reliquien des hl. Markus, die Eure Heiligkeit uns damals freundlicherweise übersandte und die jetzt ihren Platz in Kairo haben, erfüllt die Kopten mit tiefer Dankbarkeit. Später beteiligten wir uns an den Feierlichkeiten zu Ehren des hl. Markus in Venedig. Wir nahmen an vielen Konferenzen gemeinsam teil, besonders an den theologischen Konsultationen in Wien, im September 1971, zwischen Theologen der

Orientalisch-Orthodoxen Kirchen und der Römisch-Katholischen Kirche. Dort wurde eine versuchsweise Formulierung unserer Lehre über die Natur Christi erreicht und von beiden Seiten gebilligt . . . Während wir die 1600-Jahr-Feier des hl. Athanasius begehen, erinnern wir uns daran, daß der hl. Athanasius, ein Kopte, unser gemeinsamer Vater ist. Er ist Vater der Kirche des Ostens ebenso wie des Westens. In ihm begegnen wir uns, wenn wir uns zu Füßen unseres Herrn treffen. Wir sind uns einig in seiner Lehre und in seinem Glauben. In seinen Fußstapfen folgte der hl. Cyrill von Alexandrien, der eine Säule und ein Held des christlichen Glaubens war . . . Die gemeinsame traditionelle Theologie des Athanasius und des Cyrill ist die feste Grundlage für den Dialog, mit dem wir eine größere Anzahl von Theologen beauftragen und den sie im Geist treuer Liebe ausführen sollen«. Mit diesen beiden päpstlichen Reden sind noch einmal Geschichte und gegenwärtige Situation der koptischen Kirche umrissen.
Zum Beschluß der Feier im Petersdom schenkte Papst Paul VI. seinem koptischen Gast eine Reliquie des Athanasios. Sie ruht in Alexandria, wo in der koptischen Kathedrale auch das Haupt des Markus verehrt wird.
Die gemeinsame Erklärung, die die beiden Kirchenfürsten am 10. Mai 1973 unterzeichneten, beginnt mit folgenden Worten: »Paul VI., Bischof von Rom und Papst der Katholischen Kirche, und Schenûte III., Papst von Alexandrien und Patriarch des Stuhles des hl. Markus, sagen Gott im Heiligen Geist Dank dafür, daß sich nach dem großen Ereignis der Rückkehr der Reliquien des hl. Markus nach Ägypten die Beziehungen zwischen den Kirchen von Rom und Alexandrien so weiterentwickelt haben, daß sie sich jetzt persönlich treffen konnten.« – Nach gemeinsamem Glaubensbekenntnis wurde eine gemeinsame Kommission errichtet, die die beiden Kirchen vertritt beim Studium der kirchlichen Tradition, der Patristik, Liturgie,

Theologie und Geschichte sowie aller praktischen Fragen in der Bemühung um die »Fülle und Vollkommenheit jener Einheit, die Gnadengeschenk des Herrn« ist.
Der Einladung Schenûtes konnte Papst Paul VI. wegen seiner Erkrankung nicht mehr folgen.
Im Zusammenhang mit der durch die Geschehnisse im Iran geförderten und durch Libyen unterstützten Re-Islamisierung wurden die Kopten aufs neue aufgeschreckt, als der oberste Gerichtshof 1978 entschied, daß die Scharia (religiöses Recht des Islams) »für alle gültig« sei und demnach auch die Kopten gleichzeitig vier Frauen heiraten dürften. Zwar wurde auf Protest der Kopten der Entscheid zurückgenommen, aber eine Volksabstimmung Mitte 1980 sanktionierte die Scharia als oberstes Gesetz für Ägypten. Das betrifft die Kopten insofern, als die für den Abfall vom Islam vorgeschriebene Todesstrafe auch für jene Männer gilt, die sich als Kopten mit einer islamischen Frau verheiratet haben (und deswegen haben konvertieren müssen), aber nach dem Tod ihrer Ehefrau zu ihrem angestammten Glauben zurückkehren wollen.
Auch in juristischen Fragen des Alltags reiben sich christliches Recht und Scharia unausweichlich. So kam es zu einer Spannung zwischen Staat und Kirche, die bis dahin von beiden Seiten her mit Bedacht vermieden wurde. Eine Folge der Differenz scheint u. a. zu sein, daß die Bauerlaubnis für neue Kirchen neuerdings auf Widerstand stößt.
In den letzten Jahren versuchen die Kopten, sich im Ausland Gehör zu verschaffen und sich dort niederzulassen. Allein in der Bundesrepublik Deutschland wurden 1975 vom koptischen Patriarchat in Kairo sieben Kirchen gegründet: in Hamburg, Berlin, Hannover, Düsseldorf, München, Frankfurt (Zentralstelle) und Stuttgart (zugleich Sitz der Christlich-Orientalischen Gemeinschaft von Europa). Seit 1990 wird vom koptisch-orthodoxen Patriarchat die Monatsschrift »Licht und Weg« herausgegeben.

Schenûte III. hat nicht nur als erster Patriarch seit 1909 den Sudân besucht und dort eine Kirche eingeweiht (mit der äthiopischen Tochterkirche sind seit der kommunistischen Regierung die Beziehungen gestört), er hat auch Reisen unternommen nach Kanada, in die Vereinigten Staaten, nach Zaire und Kenia – ganz abgesehen von den Gesprächen mit der orthodoxen Kirche und mit Rom. Das Ziel ist die Aktivierung der koptischen Kirche sowie die Verständigung mit den christlichen Bruderkirchen. So ist nach jahrhundertelanger Stagnation die koptische Kirche aus eigener Kraft neu erstanden und hofft auf ungestörte Fortsetzung der jüngsten Entwicklungsperiode.

Die Kopten haben bis heute an dem Wort festgehalten, das der sterbende Antonius seinen Brüdern zum Testament machte: »Haltet nicht an auf dem Wege! Hütet euch vor dem Abfall vom Glauben! Bewahret eure Freunde!«

Das 1981 von Präsident Sadat verbannte Oberhaupt der koptischen Kirche, Schenûte III., mit dem offiziellen Titel »Seine Heiligkeit Papst von Alexandrien und Patriarch des Stuhles vom heiligen Markus« wurde im Januar 1985 durch Präsident Mubârak wieder freigelassen und hat mit neuem Impuls sein aktives Leben aufgenommen. Nach der auf den altkirchlichen Konzilien festgelegten Ordnung gehört der Papst von Alexandrien mit dem römischen

Kreuz im Kreis. Wandzeichnung einer Einsiedlerzelle in Esna.

Papst und dem ökumenischen Patriarchen von Konstantinopel/Istanbul zu den ranghöchsten Bischöfen der Christenheit. Daß seit alters der koptische Patriarch als »Papst« bezeichnet wird, bedeutet keinesfalls einen Primatsanspruch, der Papst von Rom und der von Alexandrien standen von jeher nebeneinander. Wenn auch die Bemühungen Schenûtes um die Gemeinschaft der Kirchen, die bei dem römischen Papst Paul VI. mit gleichgesinnter Resonanz beantwortet wurden, unter dem gegenwärtigen Haupt der römischen Kirche noch keine Fortsetzung erfahren konnten, so besteht doch Einigkeit darüber, daß auf dem schicksalwendenden Konzil von Chalkedon 451, seit dem die Kopten als »Monophysiten« ihren eigenen Weg gingen, allein terminologische Differenzen zur kirchlichen Spaltung geführt haben, aber nicht ein theologisches Sachverständnis. Gespräche mit der anglikanischen, der römisch-katholischen und der (griechisch-)orthodoxen Kirche haben diese Feststellung erhärtet.
Schenûte III. ist es gelungen, die Glaubenseinheit mit den orthodoxen Kirchen im Bewußtsein zu erwecken, so daß die Gemischte Kommission für den theologischen Dialog, zwischen der orthodoxen Kirche und den orientalisch-orthodoxen Kirchen im September 1990 im Orthodoxen Zentrum in Genf/Chambésy ihre christologische Gemeinsamkeit folgendermaßen formulieren konnte: »Beide Familien stimmen darin überein, daß die Hypostase des Logos dadurch zusammengefügt worden ist, daß Seine ungeschaffene Natur in ihrem natürlichen Willen und ihrer Energie, die Er mit dem Vater und dem Heiligen Geist gemeinsam hat, vereint wurde mit der geschaffenen menschlichen Natur, die Er durch die Inkarnation erworben und sich zu eigen gemacht hat, ebenfalls mit ihrem natürlichen Willen und ihrer Energie.« Daraus ziehen die 34 von ihren Kirchen beauftragten Theologen den Schluß: »Die Orthodoxen stimmen zu, daß die Orientalisch-Or-

thodoxen weiterhin an ihrer traditionellen, von Kyrillos geformten Terminologie von ›der einen Natur des inkarnierten Logos‹ festhalten, da sie ja die doppelte Konsubstantialität des Logos anerkennen, die Eutyches verneint hatte ... Die Orientalischen Orthodoxen ihrerseits stimmen zu, daß die Orthodoxen zu Recht die Formulierung von den beiden Naturen benutzen, da sie ja diese Unterscheidung nur in gedanklicher Hinsicht (in der theoria) machen«. Somit haben die seit 451 getrennten Kirchen die Einheit des Glaubens wiedererkannt, so daß es nur noch gilt, auch die Einheit der Kirche faktisch zu vollziehen. Ist es nicht nahezu schändlich, daß die Kirche noch heute daran krankt, daß im 4./5. Jahrhundert die Kircheneinheit zerbrach, nicht wegen theologischer Unstimmigkeiten, sondern vornehmlich deswegen, weil das autochthone koptische Volkstum die Mißachtung seiner eigenen Kultur durch die kleine hellenistische, griechischsprachige Oberschicht, die zudem seit Jahrhunderten das ägyptische Volk grausam mißhandelt und ausgepreßt hatte, sich nicht auch noch kulturell überformen lassen wollte? Die Ägypter waren das einzige Volk in dem riesigen römischen Reich, dessen Angehörige niemals den Status des römischen Bürgers erreichen konnten – sie blieben dediticii, denen es nicht erlaubt war, die Schule (Gymnasium) zu besuchen, die aber von der fremden, griechisch-römischen Oberschicht um so mehr mit dem Knüppel traktiert wurden. Der Widerstand gegen die arroganten Griechen, die damals in Ägypten ansässig waren, sowie gegen die Kaisermacht in Konstantinopel, der schon die alexandrinischen Päpste stimuliert hat, sollte er weiterhin Grund sein für den Zustand der Zerrissenheit der allgemeinen Kirche? Wie viele Kräfte sind durch den Bruch eineinhalbtausend Jahre lang für die Kirche verlorengegangen!
Um auf dem Weg zur Zusammenführung der orthodox-koptischen und römisch-katholischen Kirche Hindernisse

abzubauen, wäre es förderlich, wenn nicht durch Rom in Ägypten unterhaltene Werke zur Irritierung der Kopten führen würden. Auch die Unterstützung der 1741 gegründeten unierten Kirche mit nur gut 100 000 Mitgliedern, deren Oberhaupt dem koptisch-orthodoxen Patriarchen Rang und Titel streitig macht, hat die Frage nach der Gültigkeit der römisch-katholischen Sakramente koptischerseits wieder aufgerührt. Immerhin ist die koptisch-orthodoxe Kirche seit 1954 Mitglied im Weltkirchenrat.
Die Zahl der heutigen Kopten ist weiterhin ominös, die Angaben schwanken zwischen 6,8% und 20% der Bevölkerung. Ihre religiöse Indentität ist mit ihrer nationalen und ethnischen Identität eng verbunden. Sie stellen mit ihrem Bildungsgrad ein aktives und qualifiziertes Element des ägyptischen Volkes dar, das loyal am Aufbau des Landes mitarbeitet, solange seine Rechte nicht angegriffen werden.
Papst Schenûte III., der nach seinem Amtsvorgänger Kyrill VI. (1956–1970) für die Wiederbelebung der koptischen Kirche zeichnet, hat bis jetzt über 50 Bischöfe geweiht. Schenûtes Einsatz hat auch im Ausland zu beachtlichen Erfolgen geführt. Er weihte sogar zwei Nicht-Kopten: den gebürtigen Niederländer Markos zum Bischof, der für Frankreich zuständig ist, und dessen Hilfsbischof Athanasios, einen Franzosen. Die koptische Diözese in Frankreich hat 1975 die staatliche Anerkennung erlangt, während sie in Deutschland noch fehlt. Unter Schenûtes Pontifikat wurden insgesamt sieben Kirchen in Kanada, 13 in Australien, 23 in Europa und 41 in den USA gegründet, außerdem zwei in Lybien und fünf in anderen arabischen Ländern. In Kenia, Sambia und in Simbabwe sind in den letzten Jahren weitere Kirchen errichtet worden. In Jersey und in Los Angeles/USA sowie in Melbourne/Australien entstanden je ein koptisch-theologisches Seminar und koptische Klöster.

Daß die neuen, eifrigen Kirchen in den nichtchristlichen Ländern, einschließlich der ägyptischen selbst und der des Sudân, den Übergriffen fanatischer Muslime ausgesetzt sind, wird zwar selten durch die Medien bekannt, aber durch glaubwürdige Christen ausreichend beobachtet und berichtet. Man erinnere sich, daß im Frühjahr 1980 die Kopten der öffentlichen Diskriminierung und Verfolgung derart ausgesetzt waren, daß der Papst sowie die Mitglieder der heiligen Synode, die Metropoliten und die Bischöfe sich aus Protest in die Wüstenklöster verschlossen und das Osterfest, das bedeutendste der orthodoxen Kirche, abgesagt haben. Besonders hart toben zur Zeit die Kämpfe gegen die Christen im Südsudân und in Äthiopien, diesem bis 1959 mit der koptischen Kirche unierten alten Christenland. Schließlich tut ein überzeugter Muslim mit seinem Kampf gegen Andersgläubige gemäß dem Koran, Sure 8,40 und 9,29 u. a., nur seine ihm von Allah gebotene Pflicht.

Trotz der sich bis in jüngste Zeit oft wiederholenden schweren Angriffe muslimischer Gruppen auf koptische Siedlungen, Kirchen, Geschäfte und einzelne Personen ist das Verhältnis der beiden Religionen unter dem Präsidenten Hosni Mubârak in Ägypten entspannter. Auch der ägyptische Botschafter Ahmed Ghoneim hat bei dem Empfang des Papstes Schenûte in Düsseldorf in seiner Rede zum »Frieden für Ägypten« und zur »liebevollen Umarmung von Minaretten und Kirchtürmen« aufgerufen, im November 1990, da Schenûte als erster Patriarch nach dem 335–337 nach Trier verbannten Athanasius wieder deutschen Boden betreten hat. Wie die Mauer in Berlin, so sollten auch die Mauern zwischen den Konfessionen fallen, wünschte der Patriarch bei seiner Ankunft in Deutschland.

In Düsseldorf beging der 67jährige Papst den 19. Jahrestag seiner Inthronisation, in Bonn empfing er für seine öku-

menischen Bemühungen und Erfolge die Ehrendoktorwürde der katholisch-theologischen Fakultät, hielt selbst eine Ansprache in Englisch über die Geschichte der koptisch-orthodoxen Kirche und die ökumenischen Unternehmen der jüngeren Vergangenheit, führte ein Gespräch mit dem Bundespräsidenten Richard von Weizsäcker, hielt im Bonner Münster einen Gottesdienst und trug sich in das Goldene Buch der Stadt ein. Weitere Aufenthalte führten ihn nach Frankfurt, München, Stuttgart und Berlin und schließlich nach Waldsolms-Kröffelbach im Taunus nahe Wetzlar, wo er die dem Stil der Markuskathedrale in Kairo angenäherte St.-Antonius-Kirche mit getrennt stehendem Turm im dortigen koptisch-orthodoxen Zentrum, dem seit 1980 bestehenden, von Erzabt Michael geleiteten St.-Antonius-Kloster, eingeweiht hat. Dieser zwölfstündige Akt darf als Höhepunkt seiner Reise angesehen werden, und wer ihn miterlebte, wird einen lebenslangen Eindruck davon behalten.
Papst Schenûte ist die Verleiblichung der coincidentia oppositorum, sein Gott die Liebe.
Auf seiner Reise, die ihn anschließend von Deutschland nach England führte, hatte er nicht allein Begegnungen und Gespräche mit den koptischen Gemeinden und den Bischöfen der orthodoxen Kirche, sondern auch mit führenden Vertretern der römisch-katholischen und der evangelischen Kirchen, so daß man hoffen darf, das ökumenische Verständnis werde dem Lot nähergebracht.
Zu den Leistungen der verjüngten koptischen Kirche zählen die theologischen Studien, aus denen eine beträchtliche Zahl an Veröffentlichungen hervorgegangen ist. Schallplatten mit koptischer Kirchenmusik sind heute weltweit verbreitet. Schenûte hat erstmals erlaubt, daß in den ägyptischen Seminaren auch Frauen studieren, einige von ihnen sind bereits als Lehrerinnen tätig. Nicht zuletzt erstarkte das koptische Christentum durch die Erscheinung der

Mutter Gottes in Zaitûn im April 1968 und die neuerliche in Schubra vom März 1986.
Besonders ausgewirkt hat sich die bereits durch Kyrill VI. in Gang gesetzte Revitalisierung des Mönchtums, der insofern besondere Bedeutung zukommt, als die Bischöfe und Päpste der koptischen Kirche aus den Wüstenmönchen und Einsiedlern gewählt werden. Da seit Schenûte viele Akademiker in die koptischen Klöster eingetreten sind, ist dort das geistige Niveau fontänenhaft aufgestiegen, ohne daß darüber die Herzensfrömmigkeit an Kraft eingebüßt hätte. Zu Pater Mattha al-Maskîns vielfältigen, oben genannten Verdiensten, die er um die geistige Bildung des koptischen Mönchtums hat, zählt die Gründung des Instituts der »Gottgeweihten«, einer Art dritten Ordens. Aus vielen Teilen der Welt sind seit der Wiedergeburt des Mönchtums Jugendliche in die ägyptischen Wüstenklöster eingekehrt, um mit den Vätern zu sprechen und in der Einsamkeit und Stille Gott näherzukommen, wie es Abraham, Moses, Elias, Johannes der Täufer und Jesus vorgelebt haben.
Die Wüstenväter halten an ihrer Tradition fest und sind zugleich aufgeschlossen für die Aufgaben der Zeit. Die vita angelica hat viele Facetten: Sie zu verstehen, kann heute vielleicht weniger gelingen durch theologische Diskussion über dogmatische Differenzen als durch gegenseitige Verinnerlichung der während 1600 Jahren gewachsenen, in östlicher und westlicher Kulturumgebung zwangsläufig verschieden geprägten Frömmigkeit.
Die Kopten leben in einer islamischen Umgebung, teilen mit den Moslems ein radikal anderes, an den Anfängen, nicht am Fortschritt orientiertes Zeit- und Geschichtsverständnis, haben wie sie eine Autoritätsvorstellung, die wir seit der Scholastik hinter uns gelassen haben; weder Renaissance-Reformation noch Aufklärung sind ihnen begegnet, erst in jüngster Zeit eine schrittweise erfolgte

Industrialisierung des Landes; eine historisch-philologisch-kritische Methode der Bibelexegese ist ihnen fremd. Auch wenn der westliche Mensch von dieser Andersartigkeit des Empfindens und Denkens nichts weiß, wird er die andere Mentalität der orientalischen Christen zumindest spüren. Es erschreckt jedesmal neu, wenn ein Tourist aus dem Westen verständnislos den Kopf schüttelt, sobald ein Kopte ihm das an seinem inneren Handgelenk tätowierte Kreuz zeigt in der Vorfreude darauf, als christlicher Bruder erkannt und in Liebe respektiert zu werden.

Wer sich eingehender mit der Frömmigkeit der Wüstenväter, dem Herzen des koptischen Christentums, beschäftigen will, wer ihre Dämonenangst als einen entscheidenden spirituellen Antrieb kennen lernen möchte, und wer ihre immer noch erkennbare, wenn auch nicht herausgestellte Verwurzelung in der altägyptischen Religion, zumindest in Sitte und Brauchtum, aufzudecken als Anreiz empfindet, und wer schließlich ihre Anpassung an islamische Lebensformen und Werturteile bis hin zu Beschneidung und Blutrache zu erfahren Lust hat, der möge das Büchlein von Otto Meinardus, *Die Wüstenväter des 20. Jahrhunderts,* Würzburg 1983, zur Hand nehmen. Mehr als er habe auch ich bei meinen Klosterbesuchen nicht erfahren und erlebt, und was an Gedanken bereits zugänglich ist, sollte man nicht wiederholen.

Beschlossen sei mein Zusatzbeitrag mit einem Wort von Antoine de Saint-Exupéry, das nicht allein für die Väter der Wüste gilt, vielmehr für alle, die in einer geistigen Wüste leben:

»Nur eines Zeichens bedarf es von dir, Herr, daß die Wüste sich wandelt, daß der Horizont und der große, stille Wind nichts Fremdes mehr sind und nichts Zufälliges, sondern ein weites Reich, durch das hindurch ich dich erkenne.«

DIE
SCHRIFTEN DER
KOPTEN

VITA ANTONII
(Leben des Antonius)

Aus Ägypten sind bereits aus vorkonstantinischer Zeit die ersten Nachrichten über asketische Einsiedler überliefert. Unter ihnen ragt Antonius als einer der ältesten Wüstenväter hervor. Athanasios von Alexandria, der sich 356–362 während eines Exils in der Thebais aufhielt und dort von dem großen Wüstenheiligen hörte, beschrieb dessen Leben (etwa 357) und machte ihn mit dieser Schrift über die Grenzen des Nillandes hinaus bekannt. Zwei lateinische Übersetzungen dieser Vita Antonii haben seit etwa 380 auch im Westen für die Idee des Mönchtums geworben. Athanasios schildert den schulisch ungebildeten, aber inspirierten koptischen Einsiedler als den vollkommenen Christen, der ebenso gegen die Dämonen kämpft wie gegen Häresie und Heidentum. Antonius läßt es sich angelegen sein, die durch ihn hervorgerufene Bewegung in kirchlichen Zusammenhang zu bringen, hat selbst wenigstens zweimal Alexandria besucht und kirchliche Würdenträger vor seiner Höhle empfangen.
Zu seiner Person s. hier S. 25 f.

Die Publikation seiner Vita ist besorgt in:
Patrologia Graeca, ed. J. P. Migne, Bd. 26, S. 835–976.
Patrologia Latina, Bd. 73, S. 125–170.
Gérard Garitte, S. Antonii vitae, versio sahidica, Löwen 1949 = Corpus Scriptorum Christianorum Orientalium 117 = Scriptores Coptici 13.
G. J. M. Bartelink (ed.), Vita di Antonio, testo critico e commento. Introduzione di Christine Mohrmann, traduzione di Pietro Citati e Salvatore Lilla, Milano 1974.
Weitere Übersetzungsausgabe:
H. Mertel, Des hl. Athanasius Leben des hl. Antonius, Kempten/München 1917 = Bibl. der Kirchenväter 31.

Eine gut lesbare, aber mehr erbauliche Übersetzung bietet Nikolaus
Hovorka (Hrsg.), Leben und Versuchungen des hl. Antonius = Kleine
historische Monographien, 3. Bd., Wien/Berlin 1925.
Weitere Literatur dazu:
Richard Reitzenstein, Des Athanasios Werk über das Leben des Antonius, Sitzungsberichte d. Akademie d. Wiss. in Heidelberg 1914.
Hermann Dörries, Die Vita Antonii als Geschichtsquelle. Nachrichten
   d. Akademie d. Wiss. in Göttingen, 1949/14 = Ders., Wort und
   Stunde I. Göttingen 1966, S. 145–224 (Neufassung).
Antonius Magnus Eremita, 356–1956, hrsg. von B. Steidle, Studia Anselmiana, Fasc. 38, Rom 1956.
Die Angabe der Kapitel erfolgt in der hier vorliegenden Übersetzung
nach der Ausgabe von J. P. Migne. Die aus Platzgründen notwendigen Lücken sind durch . . . bezeichnet.

Vorrede

Ihr wollt euch, fürwahr, mit den Mönchen Ägyptens messen und seid entschlossen, sie im Streben nach der Tugend zu erreichen oder gar zu übertreffen. Ein gutes, gottgefälliges Beginnen. Auch bei euch gibt es schon Klöster, auch bei euch kennt man das Mönchtum. Da ihr mich nun aber nach der Lebensführung des seligen Antonius gefragt habt und wissen wollt, wie seine Askese begann, was er früher war, welches Ende sein Leben genommen hat und ob alles, was man von ihm erzählt, wahr ist, auf daß ihr ihm nacheifern könnt, so habe ich mit großer Freude eure Aufforderung angenommen. Denn auch für mich ist die bloße Erinnerung an Antonius von großem, heilsamem Gewinn. Und wenn ihr erst von dem Mann gehört haben werdet, dann werdet auch ihr, das weiß ich, ihn bewundern und seinem Beispiel eifrig folgen. Für Mönche ist das Leben des Antonius ein Muster der Askese . . .
Wenn ich nun auf eure Bitte zusammenfasse, woran ich mich erinnere, so wird dieser Brief nur einen Bruchteil seiner Taten berichten können; darum hört nicht auf, die Leute, die von hier zu euch segeln, auszufragen. Und

selbst dann, wenn ein jeder erzählt, was er weiß, wird sich eine würdige Darstellung seines Lebens kaum erreichen lassen.
Als ich euren Brief erhalten hatte, wollte ich zwar einige von den Mönchen, die ihn am häufigsten aufgesucht haben, herbitten lassen, um von ihnen noch mehr zu erfahren; da aber die Zeit der Seefahrt schon zu Ende geht und der Überbringer meines Briefes drängt, habe ich mich beeilt, euch mitzuteilen, was ich selbst von dem Manne weiß – denn ich habe ihn oftmals gesehen – und was ich von jenem, der ihm lange Zeit gefolgt ist und der ihm das Waschwasser über die Hände zu gießen pflegte, erfahren habe . . .

Diese Stelle erinnert an Elisas Dienst bei Elia (4. Kön. 3) und dürfte sich auf Serapion beziehen, der als Athanasios' Hintermann gelten wird.

Die Jugend des Antonius

1. Antonius war ein Ägypter, das Kind angesehener und wohlhabender christlicher Eltern, die ihn auch christlich erzogen. Der Junge wuchs bei den Eltern auf und kannte nichts als sie und ihr Haus. Als er ins reifere Knabenalter kam, weigerte er sich, lesen und schreiben zu lernen, um so dem Zusammensein mit seinen Altersgenossen auszuweichen. Sein ganzes Streben ging dahin, wie von Jakob geschrieben steht, in seinem Hause in Einfalt zu wohnen (Gen. 25,27). Mit seinen Eltern nahm er jedoch am Gottesdienst fleißig teil . . .
Er gehorchte seinen Eltern, war aufmerksam auf das, was (an religiösen Texten) vorgelesen wurde, und machte es sich im Innern zunutze. Andererseits bedrängte er seine Eltern, die in besten Verhältnissen lebten, niemals (mit dem Wunsch), mehr und bessere Kost zu bekommen . . .
Er war zufrieden mit dem, was er bekam, und verlangte nichts weiter.

2. Nach dem Tode seiner Eltern blieb er mit einer kleinen Schwester zurück, selbst etwa 18 bis 20 Jahre alt. Er übernahm die Sorge für das Hauswesen und seine Schwester. Noch waren keine sechs Monate seit dem Tode der Eltern vergangen, als er auf dem gewohnten Wege zum Gotteshaus darüber nachsann, daß die Apostel alles verlassen hatten und dem Erlöser gefolgt waren und daß nach der Apostelgeschichte viele Leute ihr Eigentum verkauft und den Erlös den Aposteln zu Füßen gelegt haben, damit er an die Armen verteilt werde, und welche Hoffnung ihnen im Himmel bereitet sei (Kol. 1,5).

Unter solchen Betrachtungen betrat er die Kirche, und es traf sich, daß gerade das Evangelium gelesen wurde, und er hörte, wie der Herr zum Reichen gesagt: »Willst du vollkommen sein, dann gehe hin, verkaufe alles, was du hast, gib's den Armen und folge mir nach, so wirst du einen Schatz im Himmel haben.« Da meinte Antonius, Gott selbst habe ihn an diese Heiligen erinnert, und eigens um seinetwillen sei jene Stelle vorgelesen worden. Er verließ sofort das Gotteshaus und schenkte den von seinen Vorfahren ererbten Besitz – es waren 300 fruchtbare, beste Aruren [1 Arura: 2756 m²] – seinen Dorfgenossen, damit er und seine Schwester damit keine Last mehr hätten. Seine bewegliche Habe aber verkaufte er insgesamt und gab den ansehnlichen Erlös bis auf einen kleinen Betrag, den er für seine Schwester zurückbehielt, den Armen.

3. Als er wieder in die Kirche kam, hörte er, wie der Herr im Evangelium gesagt: »Sorget nicht um den morgigen Tag!« (Matth. 6,34). Da hielt er es nicht länger aus, sondern ging hinaus und spendete auch jenen Rest den Bedürftigen. Seine Schwester aber legte er wohlbekannten und frommen Jungfrauen ans Herz und gab sie zur Erziehung in die Jungfrauengemeinschaft [Kloster]. Dann zog er selbst vors Haus, begann seine Askese und arbeitete an sich in stetem Bemühen. Weder gab es in Ägypten, so wie

jetzt, zahlreiche Klöster, noch kannte ein Mönch die weite Wüste, sondern wer ausschließlich seiner inneren Sammlung leben wollte, unterzog sich der Askese einsam unweit seines Dorfes.

Anfänge seines mönchischen Lebens

Im Nachbardorf hauste damals ein Greis, der seit seiner Jugend als Einsiedler lebte. Als Antonius ihn sah, eiferte er ihm im Guten nach und ließ sich zunächst gleichfalls bei dem Dorfe nieder. Wann immer er hörte, daß irgendwo ein Asket lebte, suchte er ihn wie die Biene eine Blüte und kehrte nicht früher zurück, als bis er jenen gesehen und von ihm gleichsam eine (geistige) Wegzehr auf den weiteren Pfad zur Tugend mitgenommen hatte ...
Während er sich anfangs hier aufhielt, festigte er seinen Geist, auf daß er nicht zum Erbe seiner Eltern zurückkehre und auch nicht etwa seiner Verwandten gedenke, sondern all sein Streben und allen Eifer angespannt auf seine Askese richte. Dabei arbeitete er mit seinen Händen, da er gehört hatte: »Wer nicht arbeitet, soll nicht essen.« Den Ertrag verwendete er zum einen für sein tägliches Brot, zum andern für die Bedürftigen. Unaufhörlich aber betete er, weil er gelernt hatte, daß man davon nicht ablassen solle. Der Lesung (der Heiligen Schrift) folgte er so aufmerksam, daß ihm nichts von ihr entfiel, sondern er alles behielt, so daß sein Gedächtnis ihm die Bücher ersetzte.
4. Während er so lebte, gewann Antonius die Liebe aller. Er selbst unterwarf sich vollkommen den Asketen, die er besuchte, und lernte von jedem einzelnen. Bei dem einen beobachtete er dessen Freundlichkeit, bei dem andern die Versenkung ins Gebet; hier wurde er des inneren Friedens gewahr, dort der Liebe zu den Menschen; diesen sah er wachsam sein, jenen geistliche Gespräche führen; bald

bewunderte er einen, der demütig war, bald einen, der fastete und auf der bloßen Erde schlief; einmal lernte er die Milde kennen, dann wieder die Langmut und von allen zugleich prägte er sich die andachtsvolle Verehrung Christi und die gegenseitige Liebe ein.

Davon erfüllt und geistig bereichert, kehrte er an die Stätte seiner eigenen Askese zurück, jeden einzelnen Eindruck nunmehr in sich verarbeitend und bestrebt, die Vorzüge aller zusammen selbst aufzuweisen. So wetteiferte er denn mit seinen Altersgenossen nur um das eine, sie in den Tugenden zu übertreffen. Doch verfuhr er so, daß er keinen kränkte, sondern auch jene an ihm Freude hatten. Alle Bewohner des Dorfes und alle Wohlgesinnten, mit denen er Umgang hatte, nannten ihn daher, wenn sie ihn so sahen, einen Liebling Gottes. Die einen liebten ihn wie einen Sohn, die anderen wie einen Bruder.

Es folgen im Text (Kapitel 5–15) eine Reihe von Versuchungen; Antonius behält seine strenge Lebensweise bei, er zieht sich in eine Höhle zurück und wird vom Teufel (teils in Gestalt wilder Tiere) angegriffen. Eine Lichterscheinung von oben bringt ihm Trost und Hilfe. Damals, an die 35 Jahre alt, zieht sich Antonius in die Wüste zurück, wird aber weiter vom Satan bedroht; er bezieht im Gebirge, östlich des Nils ein verfallenes, von Schlangen angefülltes Bauwerk und empfängt von der Decke her aus der Hand von ihn verehrenden Jüngern zweimal im Jahre Brot und sonst nichts, ohne eines Menschen Antlitz zu sehen; Wasser gab es im Innern der Ruine. Mit dem Zeichen des Kreuzes besteht er weitere Kämpfe gegen die Dämonen, bis er, unverdorben am Leib und in der Seele geläutert, in seinem 55. Lebensjahr aus seiner Schanze zeitweise heraustrat, um seinen asketischen Brüdern, die ihn darob bedrängt hatten, zu helfen. Durch sein Wort hingerissen, mehrten sich die Einsiedler der Wüste, und auch die Weltleute bevorzugten ein asketisches Leben.

Große Ansprache des Antonius an die Mönche

16. Eines Tages nun trat er vor die Mönche, die alle mit der Bitte gekommen waren, er möge zu ihnen reden, und er sprach zu ihnen in koptischer Sprache: »Die Schrift ge-

währt uns zwar hinreichende Belehrung, doch ist es gut für uns, wenn wir uns gegenseitig im Glauben stärken und durch Reden mit Geist füllen. Darum erzählt mir, wie Kinder dem Vater, was ihr wißt; und ich, da ich älter bin als ihr, will euch darlegen, was ich weiß und habe erfahren müssen. Das aber sei vornehmlich das gemeinsame Streben aller, am begonnenen Werke nicht zu erlahmen, in den Mühsalen den Mut nicht zu verlieren und nicht zu sagen: »Wir betreiben schon lang genug die Askese.« Laßt uns vielmehr gleichsam täglich von neuem anfangen und unseren Eifer immer mehr steigern. Denn das ganze menschliche Leben ist äußerst kurz, gemessen an der künftigen Ewigkeit, so kurz, daß unsere Zeit hinieden nichts ist im Vergleich zum ewigen Leben.

In der Welt wird jedes Ding zu seinem Preis verkauft, und Gleiches tauscht man gegen Gleiches; die Verheißung des ewigen Lebens aber wird für einen geringen Preis erworben. Denn es steht geschrieben: »Die Tage unseres Lebens währen 70 Jahre, und wenn es hochkommt, 80 Jahre, und was darüber ist, ist Kummer und Mühsal« (Psalm 89,10). Wenn wir nun diese ganzen 80 Jahre oder selbst 100 Jahre in Askese ausharren, dann wird nicht ebensoviele Jahre das Reich unser sein, sondern statt der 100 Jahre in alle Ewigkeit. Und wenn wir auch auf Erden kämpfen, so werden wir unser Erbe doch nicht auf Erden haben, vielmehr liegt im Himmel, was uns verheißen ist. Den Körper aber, der verweslich ist, werden wir, wenn wir ihn verlassen, unverweslich zurückerhalten . . .

17.–19. Laßt uns also, meine Kinder, an der Askese festhalten . . . Damit wir aber nicht erlahmen, ist es gut, wenn wir dem Worte des Apostels nachsinnen: »Täglich sterbe ich« (1. Kor. 15,31). Wenn wir mit dem Bilde des Todes vor Augen leben, dann werden wir nicht sündigen. Jenes Wort aber sagt, daß wir morgens erwachen sollen, als würden wir den Abend nicht erleben, und einschlafen, als gäbe es kein Erwachen. Denn von Natur ist unser Leben ungewiß und wird uns täglich von der Vorsehung zugemessen. Wenn wir uns so einstellen und jeden Tag so leben, werden wir nicht in Sünden fallen, kein Begehren wird uns fesseln, kein Haß uns bewegen, keine Schätze uns auf Erden halten, sondern, täglich des Todes gewärtig, werden wir an keinem Ding haften, allen alles verzeihen ...

20. Nachdem wir nun also begonnen und den Weg der Tugend beschritten haben, laßt uns weiter streben, dem vorgesteckten Ziele zu ... Erschreckt aber nicht, wenn ihr von »Tugend« hört, und nehmt nicht Anstoß an dem Wort. Denn sie ist nicht schwer zu erreichen, sie ist nicht außer uns, sondern in uns, und leicht ist die Tat, wenn wir nur wollen.

Die Heiden (Griechen) freilich machen Reisen und gehen übers Meer, um sich gelehrte Kenntnisse anzueignen. Wir aber haben es nicht nötig, wegen des himmlischen Reiches auf Reisen zu gehen oder wegen der Tugend übers Meer zu fahren. Hat doch längst der Herr schon gesagt: »Das Himmelreich ist in euch« (Luk. 17,21). Die Tugend bedarf nur unseres Wollens, da sie in uns wohnt und aus uns hervorgeht ...

21. Wir haben jedoch gefährliche und tückische Feinde, die bösen Dämonen; mit diesen haben wir zu ringen, wie der Apostel sagt: »Nicht gegen Blut und Fleisch, sondern gegen die Fürsten und Gewalten, die in der Finsternis dieser Welt Macht haben, gegen die Geister der Schlechtigkeit unter dem Himmel« (Ephes. 6,12). Zahlreich ist ihre Schar in der Luft um uns, und nicht weit sind sie von uns entfernt ...

Im folgenden, auch im Kap. 22, wird die Belehrung über die bösen Geister fortgesetzt.

23. Wenn sie Christen sehen, insonderheit Mönche, die

sich redlich bemühen und sich durch Kasteiungen weiterbringen, da gehen sie mit Vorliebe los und führen sie in Versuchung, indem sie ihnen Fußangeln legen; ihre Fußangeln aber sind die schlechten Gedanken . . . dann treiben sie allerlei beängstigenden Spuk und verwandeln ihre Gestalt . . .

Fortsetzung über die Kampfweise der Dämonen.

25. Oftmals bleiben sie auch unsichtbar, fromme Gesänge psalmodierend und aus der Schrift rezitierend; bisweilen wiederholen sie, wenn wir die Bibel lesen, wie ein Echo unsere Worte. Wenn wir schlafen, wecken sie uns zum Gebet, und das tun sie unablässig, so daß sie uns fast gar nicht schlafen lassen. Bisweilen nehmen sie auch die Gestalt von Mönchen an und spielen mit ihren Reden die Frommen, um uns in unserer eigenen Gestalt in die Irre zu führen . . .
Man darf aber nicht auf sie hören, auch wenn sie zum Gebete wecken, auch wenn sie raten, überhaupt nicht mehr zu essen, auch wenn sie sich den Anschein geben, uns zu schmähen und dessen anzuklagen, worin sie uns einst zugestimmt haben. Denn nicht aus Frömmigkeit und Wahrheitsliebe tun sie das, sondern um die Einfältigen zur Verzweiflung zu bringen, um die Askese als vergeblich zu erweisen, um den Menschen Ekel einzuflößen vor dem mönchischen Leben als vor etwas Rohem und Ungesundem und um die zu stören, die ihnen zum Trotz so leben.

Kapitel 26–30 Fortsetzung der Satanslehre.

31. Wenn sie sich schließlich den Anschein geben, als könnten sie weissagen, so achte man nicht darauf . . .
32. So kommt es beispielsweise vor, daß sie über den Wasserstand des Stromes (Nils) »orakeln«. Sie haben dann nämlich gesehen, daß in Äthiopien starke Regengüsse niedergegangen sind, und wissen, daß infolgedessen die Überschwemmung eintreten wird; sie eilen dann voraus

und künden das Wasser an, bevor es nach Ägypten kommt. Das aber könnten auch die Menschen tun, wenn sie so schnell laufen könnten wie jene . . .

33. So entstanden die Orakel auch der Heiden, und so wurden auch diese vormals von den Dämonen getäuscht . . .

34. Wir aber unterziehen uns den Anstrengungen der Askese nicht, um die Zukunft vorauszuwissen, sondern um Gott durch die Trefflichkeit unserer Lebensweise wohlzugefallen. Wir sollen beten, nicht um die Zukunft vorauszuwissen, sondern auf daß der Herr uns helfe, den Teufel zu besiegen. Wenn es uns aber schon einmal dazu drängt, die Zukunft vorauswissen zu wollen, dann laßt uns reinen Herzens sein. Denn ich bin überzeugt, daß die geläuterte und unversehrte Seele Seherkraft gewinnen und mehr und weiter schauen kann als die Dämonen, da der Herr ihr die Zukunft enthüllt . . .

Kapitel 35–36: über die Kraft des Kreuzzeichens und das Auftreten der guten Geister sowie der Unterscheidungsmerkmale zwischen den guten und den bösen Geistern.

37. Und auch dies sei euch ein Zeichen: Wenn die Seele in Furcht verharrt, dann sind die Feinde (Dämonen) nahe . . . Wenn sie Leute sehen, die sich fürchten, dann vermehren sie ihren Spuk, um jene noch gewaltiger zu erschrecken, sie mit Spott anzugreifen und zu sprechen: »Fallet nieder und betet (uns) an!« Die Heiden haben sie auf diese Weise getäuscht, so daß sie bei ihnen zu falschen Göttern wurden . . .

38. Man darf sich aber nicht brüsten mit der Austreibung von Dämonen und nicht stolz sein auf wundertätige Heilungen; auch nicht jenen bewundern, der dämonische Gewalten austreibt, und den geringschätzen, der es nicht tut. Sondern man begnüge sich, die Askese eines jeden Einzelnen gründlich zu studieren, und ahme sie entweder eifrig nach oder entwickle sie weiter. Denn wenn wir

Wunder tun, so ist das nicht unser Werk, sondern das des Erlösers . . .

39. Ich möchte eigentlich schon schweigen und nichts mehr von mir selbst sagen, sondern es an dem bisher Gesagten genug sein lassen. Doch damit ihr nicht glaubt, daß ich fasele, vielmehr überzeugt seid, daß meine Ausführungen auf Erfahrung und Wahrheit beruhen, will ich jetzt von den teuflischen Kunstgriffen erzählen, die ich selbst erfahren habe, und sollte ich auch albern erscheinen (2. Kor. 11,15 ff., 12,6) . . .

40. Einmal erschien mir die Spukgestalt eines Dämons von ungeheurer Größe und wagte zu sagen: »Ich bin die Kraft Gottes«, und: »Ich bin die Vorsehung. Nach welcher Gnade steht dein Wunsch?« Ich aber blies gar kräftig gegen ihn, nannte den Namen Christi und versuchte, ihn damit zu schlagen; kaum hatte ich ihn, wie mir schien, getroffen, als dieser riesige Teufel mit all seinen Dämonen im Namen Christi verschwinden mußte . . .

41. Da ich schon so töricht bin, diese Dinge zu erzählen, so erfahrt auch folgendes, auf daß ihr sicher und furchtlos seid; und glaubt mir, denn ich lüge nicht. Einst klopfte jemand im Kloster an meine Tür; ich ging hinaus und sah eine lange, hochgewachsene Erscheinung. Auf meine Frage: »Wer bist du?« sagt er: »Ich bin Satan.« Darauf ich: »Wozu bist du hier?« Er entgegnete: »Warum schmähen mich törichterweise die Mönche und alle anderen Christen? Warum verfluchen sie mich zu jeder Stunde?« Als ich sprach: »Warum setzt du ihnen zu?«, sagte er: »Nicht ich bin es, der ihnen zusetzt, sondern sie zerrütten sich selbst; denn ich bin ja schwach geworden . . . Keinen Ort, keine Waffe, keine Stadt habe ich mehr. Allenthalben gibt es Christen, und jetzt ist schon gar die Wüste mit Mönchen gefüllt. Sie mögen auf sich selbst achthaben und nicht leichtfertig mich verfluchen.« Da bewunderte ich die Gnade des Herrn und sprach zu jenem: »Wenn du auch

durchaus ein Lügner bist und sonst niemals die Wahrheit sprichst, so hast du doch diesmal gegen deinen Willen wahr gesprochen. Denn Christus hat durch seine Ankunft von dir die Kraft genommen.« Als jener des Erlösers Namen hörte, brannte ihn dieser so, daß er es nicht ertragen konnte, sondern verschwand . . .

Kapitel 42 handelt nochmals über den Unterschied zwischen guten und bösen Geistern.

43. Und auf daß ihr euch vor Dämonen nicht fürchtet, merkt euch dieses: Wenn sich eine Erscheinung zeigt, stürze man nicht in feiger Angst nieder, sondern, wie immer sie sein mag, frage man sie zunächst beherzt: »Wer bist du und woher kommst du?« Wenn es nun eine Erscheinung des Heiligen ist, dann lassen sie es einen wissen und wandeln die Furcht in Freude; ist es aber eine teuflische, so verblaßt sie augenblicklich, sofern man stark bleibt. Denn die Frage: »Wer bist du? Woher kommst du?« ist durchaus ein Anzeichen von Unerschrockenheit . . .

Kap. 44–50 handeln vom Aufblühen der Eremitenkolonien, von des Antonius Rückzug in seine Einsiedelei, seinem Auszug nach Alexandrien, wo er für die Märtyrer litt und stritt, aber vergeblich danach strebte, selbst die Märtyrerkrone zu erlangen. Nach dem Tod des Patriarchen Petrus von Alexandrien, reiste er wieder in seine Einsiedelei zurück, befreite auf Bitten ein Mädchen vom bösen Geiste und wirkte Heilungswunder. Da er aber zuviel aufgesucht wurde, zog er sich abermals tiefer in die Wüste zurück, baute ein kleines Feld an und war damit autark.

Antonius' Kämpfe mit den Dämonen

51. So lebte er allein auf dem Berge in der inneren Wüste, dem Gebet und der Askese hingegeben. Die Brüder aber, die ihm dienten, erwirkten durch ihre Bitten die Erlaubnis, ihm allmonatlich Oliven, Hülsenfrüchte und Öl zu bringen, denn er war damals schon hochbetagt [über 60 Jahre alt]. Welche Kämpfe er während seines dortigen

Aufenthalts nicht gegen Blut und Fleisch, wie die Schrift sagt (Ephes. 6,12), sondern gegen die feindlichen Dämonen gekämpft hat, das haben wir von jenen erfahren, die ihn besuchten. Sie hörten dort Lärm und viele Stimmen und Geklirr wie von Waffen, und den Berg sahen sie nachts voll wilder Tiere. Sie sahen ihn auch gegen sichtbare Feinde kämpfen und beten. Seinen Besuchern sprach er Mut zu, er selbst aber stritt, die Knie beugend und zum Herrn betend. Es war in der Tat bewundernswert, daß er, allein in einer solchen Wüste, weder vor den angreifenden Dämonen verzagte noch sich vor der Wildheit der vierfüßigen Bestien (Löwen) und Reptilien (Schlangen) fürchtete, die in gar großer Zahl dort hausten ...

52. Während er einmal des Nachts wachte, hetzte der Teufel wilde Tiere wider ihn; alle Hyänen der Wüste kamen aus ihren Höhlen, umringten ihn, so daß er mitten unter ihnen war. Wenn sie den Rachen aufsperrten und die Zähne bleckten, da erkannte er die Natur des Feindes und sagte zu ihnen: »Habt ihr Macht über mich, dann will ich mich gern von euch fressen lassen; schicken euch aber die Dämonen, dann packt euch unverzüglich von hinnen, denn ich bin ein Diener Christi.« Als Antonius so sprach, stieben die Bestien davon, als träfen seine Worte sie wie Geißelhiebe.

53. Den Besuchern pflegte er für das, was sie ihm brachten, selbstgeflochtene Körbe zu geben. Als er einmal daran arbeitete – denn er hielt auf Arbeit –, da trat etwas in die Tür und zog an dem Geflecht. Wie Antonius aufstand, sah er ein Wesen, das bis zu den Schenkeln einem Menschen glich, aber Beine und Füße hatte wie ein Esel. Antonius bekreuzigte sich nur und sagte: »Ich bin ein Knecht Christi; bist du gegen mich gesandt, siehe, hier bin ich«. Das Tier floh zusammen mit seinen Dämonen so schnell, daß es stürzte und verendete. Der Tod des Tieres bedeutete die Niederlage der Dämonen. Alles hatten sie versucht, ihn

aus der Wüste zu vertreiben, und hatten es nicht vermocht ...

In Kapitel 54–66 wird von den Wundertaten des Antonius berichtet: Auf sein Gebet hin entspringt eine Quelle, werden Kranke geheilt, Besessene befreit. Er hat Wahrgesichte, die an fernem Ort, in der Zukunft oder im Jenseits spielen.

Antonius und der Klerus

67. Seinem Charakter und seiner Einübung nach war er geduldig, in seiner Seele voll Demut. Darum ehrte er die hierarchische Ordnung und wollte, daß jeder Kleriker ihm an Ehre über sei. Er nahm nicht Anstand, vor den Bischöfen und Presbytern sein Haupt zu neigen. Sobald ein Diakon zu ihm kam, um sich zu erbauen, führte er mit ihm erbauliche Gespräche, aber er überließ diesem die gottesdienstlichen Verrichtungen, denn er schämte sich nicht, selber zu lernen. Oftmals stellte er Fragen und wünschte von denen zu hören, die um ihn waren. Wenn jemand etwas Förderliches gesagt hatte, gestand er gern, daß er davon Gewinn gehabt habe.

Auf seinem Antlitz lag große und ungewöhnliche Anmut. Darüber hinaus hatte ihm der Erlöser die folgende Gnadengabe verliehen: Wenn er sich mitten in der Schar der Mönche befand und jemand, der ihn noch nicht kannte, kam und ihn sehen wollte, so pflegte der Besucher sofort an den anderen vorbei auf Antonius zuzueilen, gleichsam von dessen Anblick hingezogen. Aber nicht durch die Höhe und Breite seiner Gestalt übertraf Antonius die anderen, sondern durch sein ganzes Wesen und die Reinheit seiner Seele. Da nämlich seine Seele ungestört war, zeigte auch sein Äußeres harmonische Ruhe, so daß sein Antlitz heiter war von einer inneren Freude und man an den Bewegungen seines Körpers den geordneten Zustand seiner Seele wahrnahm und erkannte, gemäß dem Worte der Schrift: »Ein fröhlich Herz macht das Angesicht heiter,

aber bei Kummer im Herzen ist das Gemüt bedrückt«
(Prov. 15,13) ...

Antonius' zweiter Besuch in Alexandria

68. In seinem Glauben war er gar bewundernswert, ebenso kindlich wie gewissenhaft. Niemals kommunizierte er mit den melitianischen Schismatikern, da er sie von Anfang an für schlecht und abtrünnig hielt. Niemals auch verkehrte er freundschaftlich mit Manichäern oder anderen Ketzern, es sei denn, daß er sie zu frommer Umkehr der wahren Gottesverehrung ermahnte. Er meinte und verkündete nämlich, daß freundschaftlicher Verkehr mit diesen Menschen der Seele unheilvoll und verderblich sei. Er verabscheute daher auch die Ketzerei der Arianer, er warnte alle, sich ihnen zu nähern oder gar ihren Irrglauben zu teilen ... ihre Reden seien ärger als Schlangengift.
69. Als einmal die Arianer die Lüge verbreiteten, daß Antonius gleichen Sinnes sei wie sie, geriet er in heftigen Zorn. Auf die Aufforderung der Bischöfe und aller Brüder kam er vom Berge herab, ging nach Alexandria und trat den Arianern in öffentlicher Rede entgegen, indem er den Arianismus für die äußerste Häresie erklärte, die dem Erscheinen des Antichrists vorangehe. Er lehrte das Volk, daß der Sohn Gottes keineswegs ein Geschöpf und auch nicht aus dem Nichts gemacht sei, sondern gleichen Wesens mit dem Vater, das ewige Wort (Logos) und die Weisheit sei. Darum ist es auch gottlos zu sagen: »Es gab eine Zeit, in der es nicht war«, denn stets existierte das Wort zugleich mit dem Vater. Deswegen haltet keinerlei Gemeinschaft mit den höchst gottlosen Arianern, denn »nichts hat das Licht mit der Finsternis gemein« (2. Kor. 6,14). Ihr Rechtgläubigen seid Christen, sie aber, die behaupten, daß Gottes Sohn-und-Logos vom Vater her nur ein Geschöpf sei, unterscheiden sich in nichts von den Heiden, denn auch sie verehren das Geschöpf mehr als

Gott den Schöpfer (Röm. 1,25). Glaubt mir, die ganze Schöpfung ist gegen sie erzürnt, weil sie den Schöpfer und Herrn des Weltalls, in dem alles geschaffen ist, unter das Geschaffene rechnen und auf gleiche Stufe stellen.

70. Das ganze Volk freute sich, als es einen solchen Mann die christusfeindliche Ketzerei verdammen hörte. Die ganze Stadt lief zusammen, um Antonius zu sehen. Auch die Heiden und sogar deren sogenannte Priester kamen in die Kirche und verlangten rundweg: »Wir möchten den Mann Gottes sehen«; so nämlich nannte ihn alle Welt. Und auch dort reinigte durch ihn der Herr viele Besessene von ihren Dämonen und heilte zahlreiche Geisteskranke. Viele, selbst Heiden, verlangten sehnlich, den Greis wenigstens berühren zu dürfen, in der Überzeugung, daß es ihnen nützen werde. In der Tat wurden ihrer in jenen wenigen Tagen so viele zu Christen wie sonst kaum in einem Jahr . . .

71. Als er wieder abreiste und wir ihm das Geleite gaben, da rief beim Stadttor hinter uns ein Weib: »Bleib stehen, Mann Gottes, meine Tochter wird von einem Dämon furchtbar gepeinigt; bleib und warte, ich bitte dich, damit ich nicht in Gefahr komme, wenn ich dir nachlaufe.« Als der Greis dies hörte und wir ihn darum baten, machte er willig halt. Wie nun das Weib mit dem Mädchen herbeikam, wurde dies zu Boden geschleudert. Als aber Antonius gebetet und Christus angerufen hatte, erhob sich das Mädchen geheilt, da der unreine Dämon ausgefahren war. Die Mutter pries Gott, und wir alle sagten ihm Dank. Antonius aber reiste mit Freuden auf den Berg zurück, gleichsam nach Hause.

Antonius und die Philosophen

72. Er war auch sehr klug, scharfsinnig und geistesgewandt, obwohl er nicht lesen und schreiben gelernt hatte.

Einst kamen zwei heidnische [griechische] Philosophen zu ihm in der Meinung, sie würden leicht mit Antonius fertig. Er befand sich damals in der vorderen Wüste. Von der Stirn aber las er ihnen ab, was sie für Leute waren, ging zu ihnen hinaus und fragte sie durch einen Dolmetscher: »Was habt ihr euch hierher bemüht, ihr Philosophen, zu einem törichten Menschen?« Als jene erwiderten, er sei kein Tor, sondern gar sehr weise, da sagte er zu ihnen: »Wenn ihr zu einem Toren gekommen seid, so ist es verlorene Mühe; wenn ihr mich aber für verständig haltet, so werdet wie ich; denn man muß das Rechte nachahmen ... Ich aber bin ein Christ.« Voll Bewunderung gingen jene fort, denn sie sahen, daß auch böse Geister vor Antonius Furcht hatten.

73. Als ihn wieder einmal andere Leute im äußeren Gebirge aufsuchten in der Meinung, ihn verhöhnen zu können, weil er ein Analphabet war, sprach Antonius zu ihnen: »Was meint ihr, was zuerst da war, der Verstand oder die Schulwissenschaften?; und sind die Schulwissenschaften die Ursache des Verstandes oder umgekehrt?« Als sie antworteten, der Verstand sei zuerst dagewesen und habe die Schulwissenschaften erfunden, sagte Antonius: »Wessen Verstand also gesund ist, der braucht die Buchstaben nicht.« Dies Wort verblüffte ... selbst die Heiden. Diese entfernten sich voll Bewunderung darüber, daß sie in einem ungelehrten Mann so viel Geistesschärfe entdeckt hatten. Seine Art war aber auch keineswegs ungeschliffen wie bei einem, der (dumb) in der Wüste aufgewachsen und dort zum Greis geworden war, sondern er war gewandt und von städtisch-höflichen Umgangsformen. Seine Rede war mit göttlichem »Salze gewürzt« (Koloss. 4,6), so daß niemand gegen ihn Mißgunst hegte, sondern alle, die zu ihm kamen, an ihm ihre Freude hatten.

74. In der Tat, als wiederum Besucher kamen von der Art, die bei den Heiden (Griechen) für weise gilt, und von ihm

Rechenschaft über unseren christlichen Glauben verlangten und sich anschickten, über die Verkündigung des heiligen Kreuzes ihre sophistischen Bemerkungen zu machen, ja sogar zu spötteln, da ... sagte ihnen Antonius durch einen Dolmetsch ...: »Was ist schöner, sich zum Kreuze zu bekennen oder an den Ehebrüchen und Knabenschändungen eurer sogenannten Götter festzuhalten? ... Was ist ferner würdiger: zu sagen, daß Gottes Wort (Logos) sich nicht verwandelt hat, sondern so, wie es ist, Fleisch geworden ist, um die Menschen zu retten und ihnen wohlzutun, auf daß es durch seinen Anteil am menschlichen Wesen den Menschen wieder Anteil an der göttlichen und geistigen Natur gebe, oder aber die Gottheit unvernünftigen Tieren gleichzustellen und deshalb Vierfüßler und kriechendes Getier und Bilder von Menschen zu verehren? Denn dies sind die Gegenstände eurer Verehrung, ihr Weisen ...

75. Um nun auf das Kreuz zurückzukommen, was haltet ihr wohl für besser: unter der Verfolgung von schlechten Menschen das Kreuz zu tragen und sich vor keiner Todesqual zu fürchten, oder aber, von den Irrfahrten des Osiris und der Isis und von den Nachstellungen des Typhon, von der Flucht des Kronos, vom Auffressen von Kindern und von Vatermorden zu fabeln? Denn darin besteht eure Weisheit. Wie kommt es aber, daß ihr bloß das Kreuz verhöhnt, nicht aber die Auferstehung hochachtet? Haben doch dieselben Gewährsmänner, die von jenem berichten, auch von dieser geschrieben. Warum schweigt ihr, wenn ihr das Kreuz erwähnt, von den Toten, die zum Leben erweckt worden sind; von den Blinden, die wieder sehend geworden sind, von den Gichtbrüchigen, die geheilt, und von den Aussätzigen, die rein wurden; vom Wandeln über das Meer und von den übrigen Zeichen und Wundern, die offenbaren, daß Christus nicht ein Mensch, sondern Gott ist? Ihr scheint mir an euch selbst großes Unrecht zu tun

und mit unseren heiligen Schriften nicht unbefangen umgegangen zu sein. Wohlan, leset sie und erkennt, daß die Taten, die Christus vollbracht hat, ihn als Gott erweisen, der zum Heile der Menschen herabgestiegen ist und unter ihnen war.

76. Wenn ihr uns nun von eurer (eigenen) Lehre berichtet, was könnt ihr von den unvernünftigen Tieren anderes erwähnen als ihre Unvernunft und Wildheit? Wenn ihr aber, wie ich höre, sagen wollt, daß bei euch nur bildlich geredet werde und wenn ihr allegorisch den Raub der Persephone als die Erde, den halblahmen Hephaistos als das Feuer, die Hera als die Luft, Apollo als die Sonne, Artemis als den Mond, Poseidon als das Meer deutet, so verehrt ihr damit nicht Gott, sondern ihr betet statt des göttlichen Schöpfers die Schöpfung an unter Mißachtung Gottes, welcher der Schöpfer alles dessen ist. Sagt, was ihr darauf zu erwidern habt, auf daß wir erfahren, ob das Kreuz wirklich Spott verdiene.«

77. Als jene nun in Verlegenheit waren und sich hin und her wandten, lächelte Antonius und sprach abermals durch den Dolmetsch: »Da ihr euch lieber auf logische Beweisführung stützt und, Meister in dieser Kunst, den Wunsch hegt, daß auch wir nicht ohne logische Beweisführung Gott verehren, so sagt zunächst, ob man die Welt und insbesondere das Wesen der Gottheit (besser) durch logische Beweisführung kennen lernt oder durch die Kraft des Glaubens; und was älter ist, die Kraft des Glaubens oder der logische Beweis?« Als jene erwiderten, die Kraft des Glaubens sei älter und in ihr liege die wahre (Gottes)erkenntnis, sprach Antonius: »Sehr richtig. Denn der Glaube geht aus der Empfindung der Seele hervor, die Dialektik aber ist eine Kunstfertigkeit derer, die sie üben. Wer also die Kraft des Glaubens in sich hat, für den ist die logische Beweisführung nicht nötig, ja vielleicht ganz überflüssig . . .

78. Nicht aus der Weisheit griechischer Überredungskunst haben wir Christen das heilige Geheimnis (arcanum) geschöpft, sondern aus der Stärke des Glaubens, der uns durch Christus von Gott verliehen wird. Und die Wahrheit meiner Worte –, seht: Wir Ungelehrte glauben an Gott, da wir in seinen Werken seine Allmacht erkennen; und die Kraft unseres Glaubens –, seht: Unsere Stütze ist der Glaube an Christus, eure aber sophistische Wortgefechte. Während die Trugbilder eurer Götzen trotz allen Gepränges dahinsiechen, breitet sich unser Glaube allenthalben und immer mehr aus. Soviel ihr auch kügelt und grübelt, ihr werdet niemanden bereden, vom Christentum zum Heidentum abzufallen; wir hingegen stellen, indem wir den Glauben an Christum lehren, euren Aberglauben in seiner Nacktheit bloß, so daß alle erkennen, daß Christus Gott und der Sohn Gottes ist. Ihr könnt durch eure schönen Phrasen die Lehre Christi nicht behindern. Wir aber brauchen den Namen des Gekreuzigten nur zu nennen, so jagen wir alle Dämonen, die ihr als Götter fürchtet, davon. Und wo immer das Zeichen des Kreuzes gemacht wird, ist jede Zauberei machtlos und alle Giftmischerei unwirksam.

79. Sagt mir doch, wo sind jetzt eure Orakel, wo die Zaubersprüche der Ägypter, wo die Blendwerke der Magier? Wann hat dies alles aufgehört und ist wirkungslos geworden, wann anders, als da das Kreuz Christi erschienen ist? Soll man also dieses verspotten oder nicht vielmehr das, was es zunichte gemacht und dem es die Kraft genommen hat? Auch das ist seltsam, daß eure Religion, obwohl sie niemals verfolgt wurde, sondern überall in den Städten geehrt wird, die Christen aber verfolgt werden, dennoch unsere Lehre über eure hinaus aufblüht und sich ausbreitet. Eure, obgleich gepriesen und hochberühmt, verfällt, der Glaube an Christum aber und dessen Lehre, die von euch verspottete und schon oftmals von den Kaisern verfolgte,

hat bereits den Erdkreis erfüllt. Wann denn ist die Erkenntnis Gottes je so herrlich aufgeschienen? Wann hat sich Keuschheit und jungfräuliche Tugend je so glänzend bewährt? Wann war der Tod je so verachtet wie zu der Zeit, da das Kreuz Christi erschienen ist? Daran zweifelt niemand, der auf Märtyrer sieht, die um Christi willen den Tod verachten, und der auf die Jungfrauen der Kirche sieht, die um Christi willen ihren Leib rein und unbefleckt bewahren.

80. Das sind gewiß hinreichende Beweise dafür, daß der christliche Glaube wohl die allein richtige Art ist, Gott zu verehren. Seht doch, ihr habt deshalb keinen Glauben, weil ihr allein aus Worten ein System zu bereiten sucht. Wir aber führen keine Beweise mit den »leicht überredenden Worten der griechischen Weisheit«, wie unser Lehrer sagt [1. Kor. 2,4], sondern wir überzeugen durch den Glauben, der augenscheinlich den Aufwand an Worten überbietet. Seht, da stehen gerade von Dämonen Besessene – damit führte er ihnen einige Leute vor, die, von Dämonen geplagt, zu ihm gekommen waren – wohlan, reinigt diese da sogleich mit logischen Schlüssen oder mit welcher Kunst oder Zauberei ihr mögt, allenfalls durch Anrufung eurer Götzen. Könnt ihr es aber nicht, dann gebt den Kampf gegen uns auf, und ihr werdet die Macht des Kreuzes Christi erfahren.«

Nachdem er so gesprochen, rief er Christum an und machte das Zeichen des Kreuzes zweimal und ein drittes Mal über die Kranken, und sofort standen die Leute vollkommen gesund da, waren bei Vernunft und sagten zuletzt dem Herrn Dank. Da staunten die Philosophen, ehrlich betroffen von dem Verstand des Mannes und das geschehene Wunder. Antonius aber sprach: »Was wundert ihr euch darüber? Nicht wir sind es, die das vollbringen, sondern Christus tut es durch die, welche an ihn glauben. Glaubt darum auch ihr, und ihr werdet sehen, daß nicht schöne Worte unser Teil sind, wohl aber der durch die Liebe zu Christo wirksame Glaube. Wenn ihr diesen haben werdet, dann werdet ihr nicht mehr nach philosophischen Beweisen suchen, sondern an der Liebe Christi genug haben.« So sprach Antonius. Jene aber bewunderten seine Rede, umarmten ihn und kehrten heim. Sie mußten gestehen, daß sie von Antonius Nutzen gezogen hatten.

Die Kapitel 81–86 berichten vom Briefwechsel Kaiser Konstantins mit Antonius, von Geschichten und Wundertaten des Mannes und vom Besuch hoher Ratsucher bzw. des Antonius' Ruf.

Die Folgen seines Wirkens

87. So ermahnte Antonius die, welche harten Herzens waren. Die andern aber, die ihn besuchten, belehrte er so trefflich, daß sie darüber ihre Prozesse vergaßen und jene glücklich priesen, die sich vom weltlichen Leben zurückgezogen hatten. Der Beleidigten aber nahm er sich in einem Maße an, daß man meinen konnte, nicht anderen, sondern ihm selbst sei ein Leids geschehen. Und so groß war in ihm die Gabe, anderen zu ihrem Heile zu verhelfen, daß viele Soldaten und auch sehr reiche Leute die Lasten des Lebens abschüttelten und Mönche wurden. In der Tat, er war ein Arzt, von Gott dem Lande Ägypten geschenkt. Wer wäre in Trübsal zu ihm gekommen, der sich nicht fröhlich wieder entfernt hätte? Wer wäre in Trauer um seine Toten gekommen, dessen Schmerz nicht sogleich aufgehört hätte? Wer wäre im Zorn gekommen und nicht in Liebe gegangen? Wer wäre arm und mutlos gekommen und hätte nicht den Reichtum verachtet und sich seiner Armut gefreut, sobald er ihn sah und hörte? Welcher Mönch, der lässig geworden, hätte bei ihm nicht wieder seine Kraft gefunden? Und welcher Jüngling, der ins Gebirge gekommen und den Antonius gesehen, hätte nicht den Lustbarkeiten entsagt und die Keuschheit liebgewon-

nen? Welcher Besessene wäre zu ihm gekommen und nicht von seinem Dämon befreit worden? Wer wäre von Zweifeln gepeinigt gewesen und nicht in seiner Seele still geworden?

88. Und auch dies war groß an der Askese des Antonius, daß er, wie erwähnt, die Gnade (Charisma) der Unterscheidung der Geister besaß (1. Kor. 12,10) und deren Regungen erkannte; es war ihm wohl bekannt, wonach ein jeder strebte und trachtete. Und nicht nur, daß die Dämonen mit ihm ihr Spiel nicht treiben konnten, er belehrte auch die andern, die in ihren Gedanken von Dämonen gequält wurden, wie sie mit ihren Verfolgungen fertig werden könnten, indem er die Eitelkeit und die List von derem Tun aufdeckte. So kam ein jeder wie ein Gesalbter vom Berg des Antonius herab, voll Zuversicht gegen die Eingebungen des Teufels und seiner Dämonen. Wie viele Mädchen, die schon einen Freier hatten, blieben jungfräulich in Christo, wenn sie Antonius nur von ferne gesehen hatten! Es kamen aber auch aus fernen Gegenden Leute zu ihm, die von ihm wie von einem Vater heimkehrten, nachdem sie sich bei ihm erbaut hatten . . .

Sein Lebensende

89. Wie sein Leben endete, das verdient, von mir berichtet und von euch, wie ihr es ersehnt, vernommen zu werden, denn es ist beneidens- und nachahmenswert. Eines Tages, als er nach seiner Gewohnheit die Mönche auf dem äußeren Berge aufsuchte, kündete ihm die Vorsehung sein Ende an. Da sprach er zu den Brüdern: »Dies ist der letzte Besuch, den ich bei euch mache, und es sollte mich wundern, wenn wir uns in diesem Leben noch jemals sehen würden. Die Zeit meiner Auflösung ist gekommen, ich bin ja nahezu 105 Jahre alt.« Als sie dies hörten, weinten sie, umarmten und küßten den Greis. Er aber unterhielt sich

voll Freude mit ihnen, gleichsam, als reise er aus der Fremde in seine Heimat ... [und ermahnte sie, eingedenk des Todes nicht lässig zu werden und ihren Glauben reinzuerhalten].

90. Als die Brüder ihn drängten, bei ihnen zu sterben, weigerte er sich aus vielen Gründen, wie er schweigend zu erkennen gab, besonders aber aus folgendem Grund: Die Ägypter lieben es, die Leichen der Frommen und insbesondere der heiligen Märtyrer zwar zu bestatten und mit Totenbinden zu umwickeln, aber nicht unter der Erde zu begraben, sondern sie auf Bahren zu legen und bei sich im Hause aufzustellen, in der Meinung, daß sie die Verstorbenen damit ehren. Antonius hatte wiederholt selbst Bischöfe gebeten, das Volk davon abzubringen. Auch er selbst hatte die Weiber gescholten, weil jener Brauch weder rechtmäßig noch fromm sei.

Auch die Leichen der Patriarchen und der Propheten würden bis auf den heutigen Tag in Grabmälern bewahrt, und der Leib des Herrn selbst sei in ein Grab gelegt und ein Stein davor gewälzt worden, der es verschloß, bis er (der Herr) am dritten Tage wieder auferstanden sei. Mit diesen Worten zeigte er, daß derjenige frevelt, der die Leichen der Verstorbenen, mögen sie auch heilig sein, nicht bestatte. Denn welcher Leib sei erhabener oder heiliger als der des Herrn? Viele nun, die ihn hörten, begruben seit dieser Zeit die Leichen unter der Erde und dankten Gott für die treffliche Belehrung, die sie empfangen hatten.

91. Antonius kannte diesen Brauch und fürchtete, daß auch sein Leichnam so behandelt werden könnte. Deshalb verabschiedete er sich von den Mönchen auf dem äußeren Berge und kehrte auf den Berg im Innern zurück, wo er sich gewöhnlich aufgehalten hatte. Wenige Monate später erkrankte er. Da rief er seine Gefährten – zwei waren es [Makarius und Amathas], die seit 15 Jahren auf dem inneren Berg als Asketen gelebt und nun den greisen Antonius

gepflegt hatten – und sprach zu ihnen: »Ich trete nun, wie geschrieben steht (Josua 23,14), den Weg der Väter an, denn ich merke, daß der Herr mich ruft. Ihr aber bleibt fortan wachsam und gebt die Früchte eurer langjährigen Askese nicht preis, sondern bemüht euch, euren Eifer zu bewahren, als finget ihr wieder von neuem an. Ihr wißt, daß uns die Teufel Fallen stellen, ihr wißt, wie bösartig sie sind, aber ihr wißt auch, wie wenig Macht sie haben. Fürchtet sie also nicht, sondern atmet stets Christum ein und glaubt an ihn wie täglich Sterbende, auf euch selbst bedacht und eingedenk der Ermahnungen, die ihr von mir vernommen habt. Laßt euch in keine Gemeinschaft weder mit den Schismatikern noch mit den ketzerischen Arianern ein . . .
Und wenn euch etwas an mir liegt, so gedenket meiner als eures Vaters und sorgt dafür, daß niemand meinen Leichnam nach Ägypten hole, auf daß mein Leib nicht in Häusern aufgestellt werde. Denn um dies zu verhindern, bin ich auf den Berg gegangen und hierher gekommen. Ihr wißt, wie ich stets denen entgegengetreten bin, welche das tun, so daß sie sich dessen schämen sollten, und wie ich ihnen befahl, abzulassen von solchem Brauch. Bestattet meinen Leib, berget ihn unter der Erde und achtet auf dieses mein Wort: Außer euch allein soll niemand die Stätte kennen. Bei der Auferstehung werde ich meinen Leib als unversehrt vom Erlöser wiedererhalten. Meine Kleider verteilt und gebt dem Bischof Athanasios den einen Schafspelz und den Mantel, auf dem ich immer lag und der neu war, als er ihn mir schenkte, der jetzt aber abgenutzt ist. Dem Bischof Serapion gebt meinen anderen Schafspelz. Ihr selbst behaltet das härene Kleid (Cicilium). Und nun lebt wohl, meine Söhne. Antonius geht hinüber und wird nicht mehr unter euch sein.«
92. Nachdem er dies gesagt und jene ihn umarmt hatten, streckte er seine Füße aus, und es war, als sehe er Freunde

auf sich zukommen und sei darüber hocherfreut, denn er lag heiteren Antlitzes da. So verschied er und wurde zu den Vätern versammelt. Und wie er jenen befohlen hatte, bestatteten sie ihn. Sie umhüllten den Leichnam und bargen ihn unter der Erde, und bis jetzt [nur bis 561] weiß niemand, wo er begraben ist, außer jenen beiden allein; und die, welche die beiden Schafspelze des seligen Mannes und seinen abgenützten Mantel erhalten haben, hüten dies als große Kostbarkeit. Denn wenn man sie ansieht, ist es, als erblicke man den Antonius, und zieht man sie gar an, so hat man die wonnige Empfindung, als trage man des Antonius Ermahnungen mit sich.

93. So also endete das irdische Leben des Antonius, und so hat seine Askese begonnen. Und wenn auch meine Darstellung seiner Tugend nicht nachkommen kann, so mögt ihr doch daraus ersehen, welcher Art Antonius, der Mann Gottes, war, der von Jugend auf bis in sein hohes Alter den gleichen Eifer in der Askese bewahrt hat; der weder mit Rücksicht auf das Greisenalter dem Verlangen nach besserer Kost erlag noch wegen körperlicher Schwäche seine Kleidung wechselte oder auch nur seine Füße wusch – gleichwohl aber am ganzen Körper gesund geblieben ist. Denn auch die Sehkraft seiner Augen blieb heil und ungeschwächt, so daß er bis zuletzt gut sah. Nicht ein einziger seiner Zähne war ihm ausgefallen, nur am Zahnfleisch waren sie schadhaft infolge des hohen Alters des Greises. An Händen und Füßen blieb er frisch und war vergnügter und kräftiger als alle, die reiche Kost genießen, Bäder nehmen und mit ihrer Kleidung Luxus treiben.

Daß sein Ruf überall hingedrungen ist und er von allen bewundert wird und daß ihn selbst jene vermissen, die ihn nie gesehen haben, das sind Zeugnisse für seine Tugend und seine gottgeliebte Seele. Denn nicht durch Schriften, nicht durch weltliche Weisheit, nicht durch irgendeine Kunst gewann Antonius diesen Ruhm, sondern einzig durch seine Gottesliebe. Daß diese aber eine Gabe Gottes gewesen ist, dürfte niemand bestreiten. Denn wie wäre in die spanischen und in die gallischen Provinzen, wie nach Rom und nach Afrika die Kunde von ihm gelangt, der in seiner Abgeschiedenheit auf einem Berge saß, wenn es nicht Gott wäre, der allenthalben die Seinigen bekanntmacht, wie er dies auch dem Antonius am Beginn seines Lebensweges verheißen hatte? Mögen jene auch in Abgeschiedenheit leben und sich nach Verborgenheit sehnen, so läßt sie der Herr doch wie Fackeln allen leuchten, damit diejenigen, die von ihnen hören, erkennen, daß man die Gebote, die zum Glück führen, zu befolgen vermag, und damit sie Mut fassen, den Weg der Tugend einzuschlagen.

Schluß

94. Darum lest dies auch den andern Brüdern vor, damit sie sehen, wie das Leben der Mönche sein soll, und damit sie die Überzeugung gewinnen, daß unser Herr und Heiland Jesus Christus diejenigen, die Ihn verherrlichen, auch verherrlicht, und daß er diejenigen, die Ihm bis ans Ende dienen, zu Königen im Himmel erhebt und sie, obwohl sie sich verbergen und zurückziehen, hier schon überall bekannt und berühmt macht, und das wegen ihrer Tugenden und ihres Nutzens für die anderen.
Wenn es je angebracht ist, laßt es die Heiden ebenfalls lesen. Sie sollen erkennen, daß unser Herr Jesus Christus Gott und Gottes Sohn ist, und auch, daß die, die an ihn glauben und ihm dienen, nämlich die Christen, den Dämonen zeigen, daß diese keineswegs Götter sind, als welche sie ihnen (den Heiden) gelten. Ja, sie (die Christen) verachten sie und treten sie mit Füßen, verfolgen diese Verführer und Verderber der Menschen und treiben sie aus, im Namen Christi Jesu unseres Herrn, dem Ehre sei in alle Ewigkeit. Amen.

APOPHTHEGMATA PATRUM
(Aussprüche der Väter)

Den Grundstock der »Aussprüche der Väter« scheint das Gerontikon zu bilden, das der Erinnerung der Wüstenväter in der Sketis gewidmet war. Die Aufzeichnung geht auf eine längere mündliche Tradition der Einsiedler zurück. Während die älteren manchmal derb, verzerrt und sonderbar erscheinen, merkt man den späteren eine gewisse gelehrte Bearbeitung an. Außer diesen »Aussprüchen der Väter« gibt es andere Werke ähnlicher Art, so die Historia Monachorum (ein Bericht von Mönchen) des Alexandriners Timotheus (Ende 4. Jahrhundert) oder die Historia Lausiaca aus dem Anfang des 5. Jahrhunderts, mit der Palladius einen gewissen Lausos gewürdigt hat. Diese letzte Darstellung schließt sich literarisch an die Vita Antonii an. Die aus den ältesten Selbstzeugnissen der Väter hervorgegangenen Sammlungen sind in verschiedene Sprachen übersetzt worden; ob ihre ursprüngliche Aufzeichnung griechisch oder koptisch gewesen ist, steht als Streitfrage unter den Gelehrten offen. Zu den verschiedenen Zeiten mag das verschieden gewesen sein.

Da der Gehorsam gegenüber der Weisung des Altvaters an den Glauben gebunden ist, daß das belehrende Wort (Rhema, Logion) ihm von oben eingegeben worden sei, ließ er in dem Maße nach, wie das Rhema zur Bibel in Spannung empfunden und wie der Anspruch des Vaters mit seinem Demutsbekenntnis in Mißklang verstanden wurde, und die Logien wurden seltener, bis daß um 500 ihre Bedeutung schwindet. Entsprechend wie die Eremitenklause vom Kloster wird das Rhema von der Klosterregel abgelöst, wenn diese auch nicht ohne die Logien erklärbar ist. Zu den Apophthegmata s. außerdem hier S. 28 f.

Griechisch überlieferte Apophthegmata finden sich bei Migne, Patrologia Graeca, Bd. 65, S. 71 ff.,
lateinische bei Migne, Patrologia Latina, Bd. 73/74,
die koptischen bei M. Chaîne, Le Manuscrit de la version Copte en dialecte Sahidique des »Apophthegmata Patrum«, Bibl. d'Études Coptes, Tome VI, Kairo 1960 (mit französischer Übersetzung).
Studien zur Überlieferung:
Wilhelm Bousset, Apophthegmata patrum, Stud. z. Geschichte des ältesten Mönchtums, 1923.
Jean-Claude Guy, Recherches sur la tradition grecque des Apophthegmata patrum, Subsidia Hagiographica, No. 36, Brüssel 1962.
Deutsche Übersetzung: Bonifaz Miller, Weisung der Väter, Sophia, Bd. 6, Freiburg 1965.
Die koptischen Aussprüche sind nach der Ausgabe von M. Chaîne selbst übersetzt. M1 usw. hinter den hier aufgenommenen 60 Texten bezieht sich auf die von B. Miller eingeführte Zählung.
Das Leben des Apa Onnophrios ist nach dem koptischen Text bei E. A. W. Budge, Coptic Matyrdoms in the Dialect of Upper Egypt, London 1914, S. 205 ff. ebenfalls selbst übersetzt. – Dasselbe gilt für die Texte des Pachom und Schenûtes.

Antonius

1 (M 1). Als Apa Antonius einmal in verdrießlicher Stimmung und mit düsteren Gedanken in der Wüste saß, sprach er zu Gott: »Herr, ich will gerettet werden, aber meine Gedanken lassen es nicht zu. Was soll ich in dieser meiner Bedrängnis tun? Wie kann ich das Heil erlangen?« Bald darauf erhob er sich, ging ins Freie und sah einen, der ihm glich. Der saß da und arbeitete, stand dann von der Arbeit auf und betete, setzte sich wieder und flocht an einem Seil, erhob sich dann abermals zum Beten; und siehe, es war ein Engel des Herrn, der gesandt war, Antonius Belehrung und Sicherheit zu geben. Und er hörte den Engel sprechen: »Mach es so und du wirst das Heil erlangen.« Als er das hörte, wurde er von großer Freude und mit Mut erfüllt und durch solches Tun fand er Rettung.
2 (M 2). Derselbe Antonius richtete seinen Blick auf die

Tiefe der Ratschlüsse Gottes und stellte die Frage: »Herr, wie kommt es, daß manche nach einem kurzen Leben sterben, andere aber ein hohes Alter erreichen? Und warum leiden die einen Not, während andere reich sind? Warum schwelgen die Ungerechten in Reichtum und die Gerechten sind in Armut?« Da kam eine Stimme zu ihm, die sprach: »Antonius, achte auf dich selbst; denn das sind Fügungen Gottes, und es frommt dir nicht, sie zu erforschen.«

3 (M 3). Es fragte einer den Apa Antonius, was er tun müsse, um Gott zu gefallen. Der Greis gab ihm folgende Antwort: »Befolge, was ich dir auftrage! Wohin immer du gehst, habe überall Gott vor Augen. Was du auch tust oder was du auch redest: für alles suche ein Zeugnis in den Heiligen Schriften. Wenn du dich an einem Orte niederläßt, dann entferne dich nicht leicht. Diese drei Dinge beobachte und du wirst das Heil finden.«

4 (M 4). Apa Antonius sprach zu Apa Poimen: »Das ist das große Werk des Menschen, daß er seine Sünde vor das Angesicht Gottes emporhalte, und daß er mit Versuchung rechne bis zum letzten Atemzug.«

5 (M 11). Wiederum sagte er (Antonius): »Wer in der Wüste sitzt und die Herzensruhe pflegt, wird drei Kämpfen entrissen: Dem Hören, dem Reden, dem Sehen. Er hat nur noch einen Kampf zu führen: den gegen die Unreinheit.«

6 (M 16). Ein Bruder sprach zu Apa Antonius: »Bete für mich!« Der Greis entgegnete ihm: »Weder ich habe Erbarmen mit dir noch Gott, wenn du dich nicht selbst anstrengst und Gott bittest.«

7 (M 26). Brüder suchten Apa Antonius auf und legten ihm eine Stelle aus dem Leviticus vor. Da ging der Greis weit in die Wüste hinaus, wobei ihm Apa Ammonas, der seine Gewohnheiten kannte, heimlich folgte. Lange verweilte der Greis in Gebetshaltung und schrie mit lauter Stimme: »O Gott, sende den Moses, und er wird mich

über den Spruch da belehren.« Und es kam eine Stimme, die mit ihm sprach. Apa Ammonas erzählte: »Ich hörte die Stimme, die mit ihm redete, doch ihren Sinn konnte ich nicht erfassen.«

8 (M 33). Derselbe (Antonius) sagte: »Habe immer die Furcht Gottes vor Augen. Gedenke dessen, der Tod und Leben gibt (1. Sam. 11, 6). Hasset die Welt und alles in ihr. Hasset alle Befriedigung des Fleisches. Entschlagt euch dieses Lebens, damit ihr für Gott lebt. Denkt an das, was ihr Gott versprochen habt; denn er wird es von euch fordern am Tage des Gerichts. Leidet Hunger, Durst, Blöße, Nachtwachen, trauert, weinet, seufzet in euren Herzen, prüfet, ob ihr Gottes würdig seid, verachtet das Fleisch, damit ihr eure Seelen rettet.«

Askese

9 (M 970). Von einem anderen Apa erzählten die Brüder, es habe ihn einmal die Lust nach einer Gurke angekommen. Als man ihm dann eine gebracht hatte, hängte er sie vor seinen Augen auf, berührte sie aber nicht, um nicht von seiner Begierde besiegt zu werden. Ja, er tat dazu noch Buße, zur Strafe dafür, daß er sie begehrt hatte.

10 (M 226). Man erzählte von Apa Eladios: Er verbrachte zwanzig Jahre in den Kellia, aber niemals erhob er seine Augen, um die Decke der Kirche zu sehen.

11 (M 364). Einmal begab sich Apa Isidor zum Apa Theophilos, dem Erzbischof von Alexandria. In die Sketis heimgekommen, fragten ihn die Brüder: »Wie sieht es in der Stadt aus?« Er aber antwortete: »Wahrhaftig, Brüder, ich habe keines Menschen Angesicht gesehen, außer dem des Erzbischofs.« Als sie das hörten, waren sie bestürzt und sagten: »Also ist alles zerstört worden?« Er sprach: »Nicht so! Aber der Gedanke, jemanden zu sehen, überwand mich nicht.« Als sie das hörten, staunten sie und

wurden darin befestigt, den Blick nicht umherschweifen zu lassen.

12 (M 965). Apa Apollonios sagte: Alle Übungen der Enthaltsamkeit sollen verborgen geschehen, damit zwar der Leib durch Fasten gedemütigt, aber nicht Lob von Menschen, sondern der Lohn vom Herrn gesucht werde.

13 (M 480). Apa Isaias bat den Apa Makarios: »Sag mir ein Wort!« Der Alte antwortete ihm: »Fliehe die Menschen!« Da sprach Apa Isaias zu ihm: »Was heißt das: die Menschen fliehen?« Der Greis antwortete ihm: »Dich in dein Kellion setzen und deine Sünden beweinen.«

14 (M 458). Apa Makarios sagte über die Verwüstung der Sketis zu den Brüdern: »Wenn ihr seht, daß nahe beim See ein Kellion gebaut wird, dann wisset, daß ihre Verödung nahe ist. Wenn ihr Bäume seht, dann steht sie vor der Tür, und wenn ihr Knaben seht, dann nehmt eure Mäntel und geht davon.«

15 (M 378). Apa Isaak sagte zu den Brüdern: »Unsere Väter und der Apa Pambo trugen alte, vielfach geflickte Kleider und solche aus Palmblättern. Jetzt tragt ihr kostbare. Geht fort von hier, denn ihr habt den Ort verwüstet«. Wenn er zur Ernte ausging, sagte er zu ihnen: »Ich gebe auch keine Vorschriften mehr, denn ihr haltet sie ja doch nicht«.

16 (M 617). Wiederum sagte Apa Poimen: »Der Anfang der Übel ist die Zerstreuung.«

17 (M 606). Man erzählte sich von Apa Poimen: Wenn er in die (gottesdienstliche) Versammlung gehen wollte, dann setzte er sich zuvor für sich allein und prüfte seine Gedanken, etwa eine Stunde lang. Und dann erst ging er hinein.

Armut

18 (M 950). Serapion, einer von den Mönchen, der nichts als ein Evangelienbuch besaß, verkaufte es und gab den Er-

lös den Armen, indem er dabei die denkwürdigen Worte sprach: »Ich habe das Wort selbst verkauft, das mir immer zurief: Verkaufe, was du hast und gib es den Armen.« (Mk. 10, 21 par.).

19 (M 471). Apa Makarios in Ägypten traf auf einen Mann mit einem Lasttier, und der raubte ihm seine Habe. Er trat wie ein Fremder neben den Räuber und half ihm das Tier beladen. In aller Ruhe entließ er ihn, indem er sagte: »Wir haben nichts in diese Welt hineingebracht, und es ist offenbar, daß wir auch nichts mit hinausnehmen können (1. Tim. 6, 7). Der Herr hat es gegeben, so wie er wollte, so ist es auch geschehen. Gepriesen sei der Herr in allem!« (Hiob 1, 21).

Selbstbezwingung

20 (M 245). Apa Moses sprach einmal zum Bruder Zacharias: »Sage mir, was ich tun soll!« Als er das hörte, warf er sich auf den Boden zu seinen Füßen und sprach: »Du fragst mich, Vater!?« Der Greis antwortete ihm: »Glaube mir, mein Kind Zacharias: Ich sah den Heiligen Geist auf dich herabkommen, und deswegen bin ich gezwungen, dich zu fragen.« Da nahm Zacharias die Kapuze von seinem Haupte, legte sie unter die Füße, trat darauf herum und sagte: »Wenn der Mensch nicht so zertreten wird, kann er kein Mönch sein.«

21 (M 343). Apa Makarios sprach zum Apa Zacharias: »Erkläre mir das Werk des Mönches!« Der antwortete ihm: »Da fragst du mich, Vater?« Der Apa Makarios entgegnete: »Ich vertraue auf dich, mein Kind Zacharias. Da ist etwas in mir, das mich drängt, dich zu fragen!« Da sprach Zacharias zu ihm: »Soweit ich es verstehe, Vater, ist ein Mönch der, der sich in allem Gewalt antut.«

22 (M 320). Wiederum sagte er (Apa Johannes Kolobos): »Als ich einmal mit einem Seile in der Sketis unterwegs

war, begnete mir ein Kameltreiber. Er begann eine Unterhaltung und reizte mich zum Zorn. Da ließ ich meine Sachen liegen und entfloh.

23 (M 610). Wieder sagte er (Apa Poimen): »Sich vor dem Angesicht Gottes niederwerfen, sich nicht selber messen und den eigenen Willen hinter sich werfen, das sind die Werkzeuge der Seele.«

Maßhalten in der Askese und Vertrauen

24 (M 586). Ein Bruder sagte zu Apa Poimen: »Ich habe eine große Sünde begangen und will drei Jahre dafür Buße tun.« Der Greis antwortete ihm darauf: »Das ist viel!« Der Bruder erwiderte: »Aber dann ein Jahr lang?« Der Greis darauf: »Das ist viel!« Die Anwesenden meinten: »Vierzig Tage.« Und wieder sprach der Greis: »Das ist viel. Ich sage euch: Wenn der Mensch aus ganzem Herzen bereut und sich vornimmt, die Sünde nicht mehr zu tun, dann nimmt ihn Gott auch bei einer Buße von nur drei Tagen wieder auf.«

25 (M 312). Es sagte Amma Theodora: »Einmal wurde ein frommer Mann von einem anderen gelästert. Und er erwiderte ihm: ›Ich könnte dir auch ähnliches sagen, aber das Gesetz Gottes schließt mir den Mund.‹« Sie berichtete auch: »Ein Christ, der mit einem Manichäer über den Leib stritt, sprach also: ›Gib dem Leib das Gesetz, und du wirst sehen, daß der Leib seinem Bildner angehört.‹«

26 (M 116). Einer der Väter erzählte: In den Kellia lebte ein arbeitsfreudiger Mönch, der hatte nur eine Matte an. Er ging fort und kam zu Apa Ammonas. Wie der Alte sah, daß er nur eine Matte anhatte, sagte er zu ihm: »Das nützt dir nichts!« Und der Greis fragte ihn: »Drei Gedanken beschäftigen mich: Soll ich in der Wüste umherwandern – oder soll ich mich in ein Kellion einschließen, mit nieman-

dem zusammentreffen und nur alle zwei Tage essen?« Apa Ammonas antwortete ihm: »Keines von den drei Dingen nützt dir etwas. Viel besser ist es: setz dich in dein Kellion, iß täglich ein wenig und habe allezeit das Wort des Zöllners im Herzen (Lk. 18, 13) – so kannst du das Heil gewinnen.«

Geduld

27 (M 1141). Ein Apa sprach: »Wir kommen deshalb im Guten nicht voran, weil wir nicht Maß zu halten verstehen, noch auch bei angefangenen Arbeiten Geduld haben, sondern die Tugend ohne Mühe erlangen möchten.« (Vgl. auch Spruch 30).

Herzensreinheit

28 (M 791). Einer von den Vätern erzählte von Apa Paulos, daß er aus dem ägyptischen Unterland stammte und in der Thebaïs wohnte. Hornvipern und Schlangen faßte er mit den Händen und brach sie mitten auseinander. Die Brüder warfen sich vor ihm nieder und sagten: »Sage uns, welche Bemühungen du gemacht hast, um diese Gnade zu erlangen!« Er antwortete: »Verzeiht mir, Väter, wenn einer die Herzensreinheit erlangt hat, dann ordnet sich ihm alles unter wie dem Adam im Paradiese, bevor er das Gebot übertreten hatte.«

Lehren

29 (M 1009). Apa Palladios sagte: »Die Seele, die nach dem Willen Jesu Christi wandeln will, muß entweder getreulich lernen, was sie nicht weiß, oder öffentlich lehren, was sie weiß. Wenn sie aber beides nicht tut, obwohl sie es könnte, dann leidet sie an Verirrung. Denn der Anfang der Trennung von Gott ist die Unlust zum Lehren.« (Vgl. auch Spruch 51).

Schweigen

30 (M 152). Apa Andreas pflegte zu sagen: »Dem Mönche geziemen diese drei Dinge: ein Leben als Fremdling, Armut und Schweigen in Geduld.«

31 (M 611). Wiederum sagte Apa Poimen: »Der Sieg über jede Plage, die über dich kommt, ist das Schweigen.«

32 (M 601). Wiederum sprach Apa Poimen: »Da ist ein Mensch, der scheint zu schweigen, aber sein Herz verurteilt andere. Ein solcher redet in Wirklichkeit ununterbrochen. Und da ist ein anderer, der redet von der Frühe bis zum Abend, und doch bewahrt er das Schweigen, das heißt, er redet nichts Nutzloses.«

33 (M 366). Apa Isidor von Pelusium sprach: »Eine rechte Lebensweise ohne Sprechen vermag mehr zu nützen als ein Sprechen ohne rechte Lebensart. Der erstere nützt euch durch Schweigen, der andere fällt lästig, weil er schreit. Wenn aber Sprechen und Lebensart zusamme[n] kommen, dann vollendet sich das zu einem wunderba[ren] Bild vollkommener Weltweisheit.«

34 (M 469). Apa Makarios in der Sketis, der Gro[ße] sprach zu den Brüdern, als er den Gottesdienst verli[eß]: »Flieht, Brüder!« Und einer von den Alten sagte zu ih[m]: »Wohin sollen wir denn in dieser Wüste noch flieh[en?]« Makarios legte ihm den Finger auf den Mund und sag[te]: »Das fliehet!« Und er betrat sein Kellion, schloß die T[ür] und setzte sich nieder.

35 (M 224). Am Anfang kam Apa Euprepios zu einem [Al]ten und sprach: »Vater, sag mir ein Wort, wie ich gere[ttet] werde.« Er antwortete: »Willst du gerettet werden, [so] sprich, wenn du einen besuchst, nicht, bevor jener d[ich] fragt.« Der Bruder war von diesem Wort betroffen, [und] sagte: »Wahrhaftig, ich habe viele Bücher gelesen, a[ber] eine solche Unterweisung habe ich nirgends gefunde[n.]« Und mit großem Nutzen ging er weg.

Versöhnung mit dem Bruder

36 (M 380). Apa Isaak sprach: »Niemals habe ich einen Gedanken wider meinen Bruder in mein Kellion hineingetragen, der mich gekränkt hatte – und ich entließ auch keinen Bruder in sein Kellion, der einen Gedanken wider mich hatte.«

37 (M 470). Apa Makarios sagte: »Wenn du einen zu tadeln hast und dabei in Zorn gerätst, dann befriedigst du deine Leidenschaft. Statt daß du andere rettest, verdirbst du dich selbst.«

38 (M 199). Einst schickte der heilige Epiphanios dem Apa Hilarion die Aufforderung: »Komm, wir wollen einander nochmals sehen, bevor wir aus diesem Leibe scheiden.« Als sie beisammen waren, freuten sie sich sehr. Beim Essen wurde Geflügel vorgesetzt, und der Bischof bot dem Apa welches an. Da sprach der Greis: »Verzeihe mir, seit ich das Mönchsgewand trage, habe ich nichts Geschlachtetes mehr gegessen.« Darauf entgegnete der Bischof: »Und ich, seitdem ich das Mönchsgewand genommen habe, ließ keinen einschlafen, der etwas gegen mich hatte, und auch ich selber legte mich nicht zur Ruhe, wenn ich gegen jemand etwas hatte« (Mt. 5, 23). Da sprach zu ihm Apa Hilarion: »Verzeihe mir, deine Lebensweise ist besser als die meine.«

39 (M 9). Ein andermal sagte er (Apa Antonius): »Vom Nächsten her kommen uns Leben und Tod. Gewinnen wir nämlich den Bruder, so gewinnen wir Gott. Geben wir hingegen dem Bruder Ärgernis, so sündigen wir gegen Christus.«

40 (M 399). Ein Bruder fragte den Apa Hierakas: »Sage mir ein Wort, wie ich gerettet werden kann.« Der Greis sprach zu ihm: »Bleib in deinem Kellion sitzen, iß, wenn du Hunger hast, trink, wenn du Durst hast, aber sprich nicht abfällig von einem anderen, und du wirst das Heil finden.«

Nächstenliebe

41 (M 1176). Ein Bruder fragte einen Apa: »Ich kenne zwei Brüder, von denen sich der eine ruhig in seinem Kellion verhält, ohne Unterbrechung sechs Tage lang fastet und sich schwere Arbeiten auflädt. Der andere aber dient den Kranken. Welcher von beiden handelt Gott gefälliger?« Der Apa antwortete: »Und wenn jener, der sechs Tage lang fastet, sich auch noch dazu an der Nase aufhinge, so käme er noch lange nicht dem gleich, der den Kranken dient.«

42 (M 278). Es fragte ihn (Apa Theodor von Pherme) einmal ein Bruder: »Welches ist das Werk der Seele, das wir für ein Nebenwerk ansehen, und worin besteht das Nebenwerk, das wir als Hauptwerk betrachten?« Der Greis erklärte ihm: »Alles, was im Hinblick auf Gottes Gebote getan wird, ist Seelenwerk. Was wir aber in Hinsicht auf uns arbeiten und zusammentragen, das müssen wir als ein Nebenwerk ansehen.« Und der Bruder sprach zu ihm: »Erkläre mir diese Maxime!« Der Alte antwortete ihm: »Siehe, du hörst von mir, daß ich krank bin, und du bist schuldig, mich zu besuchen, du sagst aber bei dir: Also soll ich mein Werk liegen lassen und jetzt kommen? Ich will zuerst vollenden, dann will ich gehen . . . Wenn du nun nicht weggehst, dann läßt du Gottes Gebot beiseite, was das Werk der Seele ist, und tust das Nebenwerk, das ist: das Werk der Hände.«

43 (M 354). Apa Johannes Kolobos sprach: »Es ist unmöglich, ein Haus von oben nach unten zu bauen, sondern vom Grund aus muß es in die Höhe.« Sie fragten ihn: »Was ist der Sinn dieses Wortes?« Er antwortete ihnen: »Der Grundstein ist der Nächste, daß du ihn gewinnst. Das muß am Anfang stehen, davon hängen alle anderen Weisungen des Herrn ab« (Mt. 22, 39 f.).

Demut

44 (M 786). Apa Paphnute sagte: »Ich war auf Wanderung und es begegnete mir, daß ich mich wegen des Nebels verirrte und mich in der Nähe eines Dorfes befand; dort sah ich, daß einige Leute in schändlicher Weise miteinander verkehrten. Ich stellte mich hin und betete um Verzeihung meiner Sünden. Und siehe, da kam ein Engel mit einem Schwert und sagte zu mir: ›Paphnute, alle, die ihre Brüder verurteilen, gehen durch dieses Schwert zugrunde. Du aber hast nicht geurteilt, sondern dich vor dem Angesichte Gottes gedemütigt, als hättest du selbst diese Sünde begangen. Deswegen ist dein Name eingeschrieben im Buche der Lebendigen.‹«

45 (Chaîne 140). Einst kamen mehrere zu einem Apa in die Thebaïs, die einen Besessenen bei sich führten, damit ihn der Apa heile. Nach langem Bitten sprach dieser endlich zu dem Dämon: »Fahre aus von diesem Geschöpf Gottes!« Der Dämon antwortete dem Greis: »Gut, aber zuerst frage ich dich über ein Wort, daß du es mir erklärst: Wer sind die Böcke und wer sind die Schafe?« Der Apa erwiderte ihm: »Die Böcke, das sind solche Leute wie ich! Die Schäflein kennt Gott allein!« Als der Dämon dies hörte, schrie er laut auf: »Siehe, wegen dieser deiner Demut fahre ich aus!« Und zur gleichen Stunde fuhr er aus.

46 (M 328). Apa Poimen erzählte über den Apa Johannes Kolobos: Er rief Gott an und die Leidenschaften wurden von ihm genommen, und er war ohne Sorgen. Er ging fort und sagte zu einem Greis: »Ich stelle fest, daß ich in Ruhe bin und keine Anfechtung mehr habe.« Der Greis sprach zu ihm: »Geh und rufe Gott an, daß ein Feind gegen dich aufstehe und so auch die alte Zerknirschung und Demut, die du früher hattest, (wieder zurückkehre)! Denn gerade durch die Anfechtung macht die Seele Fortschritte.« Er bat also, und als der Feind kam, betete er nicht mehr, daß

er von ihm befreit werde, sondern sagte: »Gib mir Geduld, Herr, in den Kämpfen!«

47 (M 418). Man erzählte vom Apa Johannes, dem Perser: Als einmal Übeltäter zu ihm kamen, holte er ein Waschbecken herbei und wollte ihnen die Füße waschen. Da wurden sie beschämt und fingen an zu bereuen.

Gehorsam

48 (M 1163). Die Väter sprachen: »Wenn jemand zu einem Mann Vertrauen hat und sich ihm ganz unterstellt und übergibt, dann braucht er nicht so sehr auf die Gebote Gottes zu achten, sondern er soll sich vielmehr jenem geistlichen Vater übergeben mit seinem ganzen Willen. Denn wenn er ihm in allem völlig gehorcht, wird er vor Gott in keine Sünde fallen.«

49 (M 424). Apa Joseph von Theben sprach: »Drei Dinge sind vor dem Herrn in Ansehen: erstens, wenn der Mensch krank ist und er, sobald ihm dann Anfechtungen zusetzen, sie mit Dank annimmt. Das zweite: wenn er alle seine Werke rein vor Gott verrichtet ohne menschliche Beimischung. Das dritte: wenn einer in der Unterordnung gegen einen geistlichen Vater verharrt und allem eigenen Willen absagt. Ein solcher hat einen unbeschreiblich schönen Kranz. Ich habe mir die Krankheit gewählt.«

Unterscheidungsgabe (discretio)

50 (M 322). Zu guter Stunde trafen sich Greise in der Sketis und hielten miteinander Mahl. Unter ihnen war auch Johannes (Kolobos). Da stand ein angesehener Presbyter auf und bot einen Becher mit Wasser an – aber niemand wollte ihn von ihm annehmen, außer Johannes Kolobos. Sie wunderten sich und sagten: »Wie? Du, der du zu den Jüngeren gehörst, du hast es gewagt, dich von einem Älte-

ren bedienen zu lassen?« Er entgegnete ihnen: »Wenn ich einmal aufstehe, um einen Becher anzubieten, dann freue ich mich, wenn alle ihn annehmen, damit ich ein Verdienst habe. Und so habe auch ich angenommen, um ihm Verdienst zu verschaffen, damit er nicht betrübt ist, weil keiner etwas von ihm nehmen will.« Als er dies gesagt hatte, wunderten sie sich und hatten Gewinn von seiner Unterscheidungsgabe.

51 (M 1095). Apa Hyperichus sagte: »Jener ist wahrhaft weise, der andere durch seine Tat, nicht durch seine Worte belehrt.«

Seßhaftigkeit (stabilitas loci)

52 (M 10). Abermals sagte er (Apa Antonius): »Wenn die Fische auf dem Trockenen liegen bleiben, dann verenden sie. So auch die Mönche. Verweilen sie außerhalb des Kellions, oder geben sie sich mit Weltleuten ab, dann lösen sie sich aus dem Zustand der Beschauung. Wie also der Fisch sich ins Wasser, müssen wir uns ins Kellion zurückziehen, damit wir nicht durch Verweilen außerhalb der Bewahrung des Inneren vergessen.«

53 (M 1148). Ein Apa sagte: »Wie ein Baum keine Früchte bringen kann, wenn er zu oft versetzt wird, ebenso kann ein Mönch, der oft umherzieht, keine guten Früchte bringen.«

Übersinnliches

54 (M 178). Auch das erzählten viele von seinen (des Gelasios) Schülern. Es wurde ihnen einmal ein Fisch gebracht, den der Koch zubereitet und dem Verwalter gebracht hatte. Von einem anderen Geschäft in Anspruch genommen, ging der aus der Zelle fort, ließ den Fisch in einem Gefäß auf dem Boden stehen und befahl einem klei-

nen Schüler des seligen Gelasios, darauf achtzugeben, bis er zurückkomme. Den Kleinen ergriff die Begierde, und so machte er sich daran, den Fisch ungescheut zu verzehren. Da kam der Verwalter herein, sah ihn essen und geriet gegen den auf dem Boden sitzenden Kleinen in Zorn und stieß ihn unbeherrscht mit dem Fuß. Infolge der Kraft des Trittes und an einer tödlichen Stelle getroffen, verlor er das Bewußtsein und starb.

Von Furcht ergriffen, legte ihn der Verwalter auf seine eigene Matte, bedeckte ihn und ging weg, fiel dem Apa Gelasios zu Füßen und bekannte ihm das Geschehene. Der aber befahl ihm, niemandem etwas zu sagen, dann aber, wenn alle zur Ruhe gegangen seien, den Knaben in das Gemach des Diakons zu tragen, ihn vor dem Räucheraltar niederzulegen und wegzugehen.

Der Greis (Gelasios) kam dann in die Diakonie und verharrte im Gebet, und zur Stunde des nächtlichen Psalmengebetes, als alle Brüder versammelt waren, kam er in Begleitung des Kleinen heraus. Aber niemand wußte um das Vorgefallene, außer ihm und dem Verwalter, bis zu seinem Tode.

Über die Ägypter

55 (M 237). Ein ägyptischer Bruder kam zum Apa Zenon nach Syrien und klagte sich über Gedanken an, die er gegen seinen Apa hegte. Der verwunderte sich und sprach: »Die Ägypter verbergen die Tugenden, die sie haben, und der Schwächen, die sie nicht haben, klagen sie sich an. Die Syrer und Griechen dagegen behaupten, Tugenden zu haben, die sie nicht haben, und die Mängel, die sie haben, verbergen sie.«

Allgemeine Tugendregeln

56 (M 349). Apa Johannes (Kolobos) sprach: »Ich wünschte, daß der Mensch ein wenig an allen Tugenden teilhabe. Darum mache jeden Tag, wenn du morgens aufstehst, zu jeder Tugend und zu einem jeden Gebot des Herrn in größter Geduld einen Anfang: mit Furcht und Hochherzigkeit, in der Liebe Gottes, mit aller Willigkeit des Leibes und der Seele und in tiefer Demut; im Ertragen der Bedrängnis des Herzens und in der Wachsamkeit, in vielem Gebet und Fürbitten, mit Seufzen, Fehlerlosigkeit der Zunge und die Augen hütend; Mißgunst ertragend und doch nicht zürnend, friedliebend und nicht Böses mit Bösem vergeltend, nicht auf die Fehler der anderen achtend, sich nicht messend und überschätzend, sondern sich unter alle Geschöpfe und unter alle Kreatur stellend; durch Verzicht auf Habe und alles, was zum Leib gehört, im Kreuztragen, im Kampf (gegen die Dämonen), in Armut des Geistes, in geistlichem Vorsatz und Askese, durch Fasten, Bußgesinnung und Weinen; in kriegerischem Kampf (gegen das Böse), in der rechten Unterscheidung (discretio), in Reinheit der Seele, in der Übernahme des Guten, in Herzensruhe (hesychia), bei der Arbeit, in Nachtwachen, in Hunger und Durst, in Kälte und Blöße, in Anstrengungen; dich in dem Grab verschließend, als wärest du schon gestorben, daran denkend, daß der Tod zu jeder Stunde nahe ist.«

Zum Kloster

57 (M 726). Ein Bruder wandte sich an den Apa Poimen: »Ich will ins Koinobion gehen, um dort zu wohnen.« Der Apa fragte ihn: »Du willst ins Kloster gehen? – Wenn du nicht auf alle Unterhaltung und auf jedes Geschäft verzichten kannst, dann kannst du auch kein Klosterleben

führen. Denn dort hast du nicht einmal das Recht auf einen einzigen Becher.«

58 (M 729). Die Brüder des Apa Poimen sagten zu ihm: »Laßt uns von diesem Ort weggehen, denn die Klöster hier belästigen uns, und wir verlieren unsere Seelen. Siehe, die weinenden kleinen Kinder lassen uns nicht zur Ruhe kommen.« Da sagte ihnen Apa Poimen: »Wegen der Stimmen der Engel wollt ihr von hier fortgehen?«

Kurzgeschichten

59. Ein Apa machte sich auf, gemäß einer Weisung aus der Sketis, nach Alexandria zu pilgern. Als er drei Tage in der Sonnenglut durch den heißen Sand gestapft war, ohne etwas zu sich genommen zu haben, erblickte er am Rand des Fruchtlandes ein Gurkenfeld, und ihn überkam die Anwandlung, eine Gurke zu pflücken, um seinen Durst zu stillen. Doch rasch besann er sich des Diebstahls und stellte sich vor, welche Höllenqualen er dereinst dafür zu leiden haben würde.
Um zu prüfen, ob er aber dieser Strafe gewachsen wäre, stellte er sich mit ausgebreiteten Armen unter die Sonne, tat so Tag für Tag, fünf Tage lang, bis er ausgedörrt und ermattet zu Boden sank. Dadurch gewahr werdend, daß er die Höllenpein nicht ertragen würde, ließ er die Gurke stehen und zog seines Weges weiter (frei nacherzählt).
60. (Aus dem Leben des Apa Onnophrios, des Anachoreten.) Ein Bruder, ein Eremit, mit Namen Paphnute, erzählte einigen gottergebenen Brüdern folgendes:
Ich, euer Bruder, überlegte eines Tages, daß ich in die äußere Wüste gehen wolle, um zu sehen, ob es dort hinten auch noch Mönche gäbe. Ich wanderte vier Tage und vier Nächte, ohne Brot zu essen oder Wasser zu trinken, wanderte fort bis in die innere Wüste. Am letzten dieser Tage kam ich zu einer Höhle, und als ich bei ihr angekommen

war, klopfte ich an die Tür, einen halben Tag lang, doch niemand antwortete mir.

Ich dachte bei mir: »Es ist kein Bruder hier« (trat ein und –) sah drinnen einen Bruder schweigend sitzen. Ich faßte ihn am Arm, da fiel sein Arm ab in meine Hand und wurde zu Staub. Ich berührte ihn am ganzen Körper und stellte fest, daß er schon lange tot war. Ich blickte auf und sah eine Jacke hängen, und als ich sie anrührte, zerfiel auch sie zu Staub. Da stellte ich mich hin und betete, nahm mein Gewand und wickelte es um ihn, grub mit meinen Händen in der Erde eine Grube und begrub ihn und ging von diesem Ort weg.

Ich wanderte weiter hinein in die Wüste und kam zu einer Höhle. Ich faßte mir ein Herz und klopfte an die Tür, aber niemand antwortete mir. Als ich hineinging, fand ich niemanden; ich ging wieder hinaus und sagte mir: »Der Ort, an dem der Diener Gottes wohnt, an diesen Ort muß er zurückkommen.« Und ich blieb dort und betete, bis sich der Tag neigte, und rezitierte, was alles ich auswendig wußte.

Später, als schon die Sonne unterging, blickte ich auf und sah eine Herde Antilopen von ferne herankommen, und jenen Bruder unter ihnen. Als er sich mir näherte (sah ich, daß) er nackt war und daß (nur) sein Haar seine Scham bedeckte und ihn wie ein Kleid umhüllte.

Da er zu mir herankam, fürchtete er sich sehr, denn er dachte, ich sei ein Geist, blieb stehen und betete; es versuchten ihn nämlich viele Geister, wie er mir später sagte. Ich bemerkte, daß er Angst hatte, ging zu ihm und sagte zu ihm: »Warum hast du Angst, du Diener Gottes? Sieh auf und sieh meine Fußspur an, daß ich ein Mensch bin, und betaste mich, daß ich Fleisch und Blut bin!«

Als er mich ansah, wiederholte er das Gebet des Evangeliums (Vaterunser). Ich bat ihn, mich in seine Höhle hinunterzulassen, darauf fragte er mich: »Warum bist du hierhergekommen?« Ich sagte: »Ich kam hierher, weil ich die Diener Gottes sehen wollte, die in dieser Wüste leben, und Gott hat mir nicht vorenthalten, worum ich ihn gebeten hatte«, und ich fragte ihn: »Wie bist denn du an diesen Ort gekommen, und wie lang ist es her, daß du hierhergekommen bist, und was ißt du eigentlich, und weshalb bist du nackt und hast keine Kleider an?«

Da begann er, mir folgendes zu erzählen: »Ich war ein Mönch und lebte in einer Kongregation von Mönchen eines Klosters in der Thebaïs. Dort kam folgender Gedanke in mein Herz: ›Steh auf, geh fort und siedle an einem Platz ganz allein für dich, dann wirst du Herzensruhe finden, wirst Einsiedler werden und die (wandernden) Brüder bei dir aufnehmen; dann wirst du Fremden reichlich Gastfreundschaft gewähren und dazu reichlich Lohn finden durch deiner Hände Arbeit.‹ Und was ich dachte, führte ich aus. Ich ging vom Haus der Mönche weg, baute mir eine Klause für mich allein und richtete mich darin ein. Viele Leute gaben mir Aufträge für Handarbeiten, und was ich verdiente, gab ich als Almosen für die Fremdlinge (Wanderasketen) aus.

Damals wurde der Teufel auf mich neidisch wegen des Lohnes, den ich vor dem Herrn für das erntete, was ich für die Fremdlinge tat und für anderes Volk, das in Not war; denn er sah, wie fleißig ich bei meiner Handarbeit war, und er wurde außerordentlich eifersüchtig auf mich. So ging er in eine gewisse Frau ein, die eine Nonne war und die zu mir kam und mich mit einer bestimmten Handarbeit beauftragte (wohl mit Körbeflechten), und wenn ich etwas fertig hatte, übergab ich es ihr, und sie beauftragte mich mit einer neuen Arbeit. Als es zur Gewohnheit wurde, daß wir uns trafen, legte der Feind es in mein Herz, immer weiter Aufträge von ihr anzunehmen.

Nachdem wir dann frei genug miteinander geworden waren, aßen wir Brot zusammen, und da stellte sich etwas

ein, bis wir den Tod gebaren und die Zuchtlosigkeit zeugten, und als ich schließlich mit ihr der Torheit verfallen war, blieben wir in dieser Zuchtlosigkeit sechs Monate lang.
Danach besann ich mich in meinem Herzen auf das, was ich getan hatte, bereute und weinte sehr und seufzte tief und dachte, als ich allein war, in meinem Herzen folgendes: ›Wenn wir heute oder morgen sterben müßten, würden wir mit einer schweren Strafe bestraft, mit Zähneklappern, mit äußerster Finsternis und mit unlöschbarem Feuer und mit dem Wurm, der niemals schläft und der die Seele verschlingt. Auf, fort von hier, auf in die Wüste!‹ So hoffte ich, der Sünde zu entkommen.
Und ich stand auf, ging weg und zog in diese Wüste hier und bin fortan nimmermehr mit dieser Frau zusammen gewesen. Ich fand diese Wasserquelle und diese Dattelpalme und diese Höhle. Dieser Palmbaum trägt jedes Jahr 12 Bündel Datteln, ein Bündel für jeden Monat, und dies (eine) Dattelbündel genügt mir im Monat. Ich besitze nichts, weder Kleidung noch Brot. Mein Haar wuchs, und als meine Kleider bis zum äußersten abgetragen waren, bekleidete ich die Stelle, die bedeckt werden muß, mit meinem Haar. Sieh, es ist nun 30 Jahre, seit ich hierher kam. Das Klima verleiht mir gleichmäßige Gesundheit, und ich habe niemals Brot gegessen.«
Ich aber fragte ihn: »Hast du zuerst, als du hierherkamst, (nicht) sehr gelitten?« und er antwortete mir: »Doch, ich habe sehr gelitten, mein Sohn, so sehr, daß ich mich aus Kummer auf den Boden warf und zum Herrn aufschrie wegen meiner zahlreichen Sünden. Außerdem litt ich große Trübsal durch die Schmerzen, die über mich gekommen waren.
Als ich eines Tages aufblickte, sah ich einen überaus herrlichen Mann (Engel) neben mir stehen, und er sagte zu mir: ›An welchem Körperteil bist du krank?‹ Meine Kraft

kehrte ein wenig zurück, und ich sagte zu ihm: ›Herr, ich bin krank an meiner Leber.‹ Da sagte er zu mir: ›Zeig mir die Stelle, wo du krank bist‹, und ich zeigte ihm die Stelle, wo mich meine Leber schmerzte. Da streckte er seine Hand über mich aus, seine Finger ruhten übereinander, und er machte (schlug) eine Öffnung zwischen meine Rippen wie mit einem Schwert, zog meine Leber heraus und zeigte mir die Wunden an ihr, zerdrückte die Schmerzen, band die Wunden zu und legte meine Leber an ihre Stelle zurück.

Er strich meinen Körper mit seinen Händen glatt, schloß die klaffende Wunde, die er in meine Seite gemacht hatte, und sagte zu mir: ›Sieh, du bist geheilt. Sündige hinfort nicht wieder, damit nicht noch größeres Übel über dich kommt als diesmal. Mach dich zum Knecht des Herrn von jetzt an auf immerdar.‹ Von diesem Tag an blieben all meine Eingeweide gesund, mein Leberleiden hat aufgehört, und ich habe hier in der Wüste ohne Schmerzen gelebt . . .«

Da warf ich mich zu seinen Füßen nieder, auf daß er meiner gedenke und mich segne, und er segnete mich, indem er sagte: »Der Herr segne dich! Möge er dich vor den Verstrickungen des Teufels bewahren und dich allezeit auf alle seine guten Pfade setzen, und mögest du deinen Platz haben bei den Heiligen.«

Wie er seinen Segen über mich beendet hatte, empfing ich soviel Kraft, daß ich niemals mehr Hunger oder Durst fühlte, und wie ich das große Wunder gewahr wurde, das über mich gekommen war, erhob ich mich und zog ins Gebirge.

KLOSTERREGELN
DES
PACHOM

Mit der klösterlichen Lebensform der Asketen verbindet sich die Ablösung der Apophthegmata durch Klosterregeln. Deren älteste sind von Pachom in koptischer Sprache verfaßt. Sie wurden bald ins Griechische und dann von Hieronymus ins Lateinische übersetzt. Das gemeinsame Leben der Mönche war ohne strenge Satzung nicht möglich, und so haben auch andere Klöster ihre Regeln geschaffen, manche in Anlehnung an die Pachomschen, andere in bewußter Absetzung, um ihre Eigenheit hervorzuheben. In den 144 Regeln war das gesamte Leben der Mönche in allen Einzelheiten vorgeschrieben.

Hier sind nur die koptisch erhaltenen Praecepta (Regeln) mitgeteilt, doch dürfte der Ausschnitt hinlänglich die Art und Strenge aufzeigen und auch dem Gegenstand nach ausreichend Wissenswertes bieten. Pachom hat sie nicht systematisch geordnet, vielmehr je nach Bedarf angereichert, so daß sie nicht selten geradezu chaotisch wirken.

Von den grundsätzlich nicht unterschiedenen Praecepta et Instituta (Regeln und Ordnungsvorschriften) sind die Maximen herausgegriffen, die zwar weitgehend mit Bibelstellen unterlegt werden können, aber auch die altägyptischen Lebenslehren zu Ahnen haben. Auf die Hinweise der Bezugsstellen ist verzichtet.

Zu den Klosterregeln s. hier auch S. 39 f.

Der koptische Text ist veröffentlicht von:

Louis-Théophile Lefort, Oeuvres de S. Pachôme et ses disciples, Löwen 1956 = Corpus Scriptorum Christianorum Orientalium 159 = Scriptores Coptici 23, S. 30–36.

Übersetzung: Dom Aman/Boon, Pachomiana Latina, Löwen 1932.
Die folgenden koptisch geschriebenen Regeln sind übersetzt nach der Veröff. von L.-Th. Lefort und nach dessen Zählung numeriert.

Aus den Praecepta (Regeln)

(88) Niemand soll nach dem Einschlafen aufstehen, um etwas zu essen oder zu trinken, bis die nächtliche Fastenzeit vorüber ist. Niemand soll über seine Pritsche etwas anderes als eine Matte ausbreiten.

(89) Niemand soll die Zelle seines Nachbarn betreten, ohne zuvor angeklopft zu haben.

(90) Keiner soll zum Mittagessen antreten, bevor das Gongzeichen dazu gegeben ist. Keiner soll im Klosterbezirk herumlaufen, bevor das Zeichen dazu gegeben ist.

(91) Niemand soll durchs Klostergebäude gehen ohne Umhang und Kapuze, sei es zur Versammlung, sei es zum Refektorium (Speisesaal).

(92) Niemand soll am Abend seine Hände salben gehen, ohne daß ein Bruder mit ihm geschickt werde. Niemand soll seinen ganzen Körper salben außer in einem Krankheitsfall, soll ihn auch weder baden noch ungeniert waschen wider die Vorschrift.

(93) Niemand soll einen Kranken salben oder baden, außer wenn er dazu Weisung erhalten hat.

(94) Niemand soll mit seinen Nachbarn in der Dunkelheit sprechen.

(95) Ihr sollt euch nicht zu zweit auf eine Matte oder eine andere Unterlage niederlassen. Niemand soll die Hand eines Bruders noch irgendeinen anderen Körperteil (von ihm) berühren, sondern zwischen dir und ihm sollst du einen Zwischenraum von einer Elle einhalten, ob du sitzest oder gehst. (Diese und die folgenden Regeln sollen sexuellen Übergriffen vorbeugen.)

(96) Niemand soll einem anderen einen Dorn aus dem

Fuße ziehen, ausgenommen der Major domus, sein Stellvertreter oder wer dazu Weisung erhalten hat.

(97) Niemand darf sich die Haare schneiden außer unter Aufsicht(?) seines Major domus; niemand darf einem anderen die Haare schneiden, außer wenn er dazu Weisung erhalten hat; auf keinen Fall darf einer einem anderen die Haare schneiden, wenn beide sitzen.

(98) Niemand darf ohne Aufsicht(?) seines Major domus etwas von seiner Habe eintauschen; keiner irgend etwas ohne seine Erlaubnis im Tausch annehmen; niemand irgend ein Stück seiner Habe hinzufügen entgegen der Vorschrift.

(99) Alle Umhänge müssen vorschriftsmäßig getragen werden, alle Kapuzen die Kloster- und die Hausmarke tragen.

(100) Niemand soll sein Buch offen liegen lassen, wenn er sich zur Versammlung oder ins Refektorium begibt.

(101) Die Bücher aus der Bibiliothek werden jeden Abend vom Sekundus eingesammelt und in den Schränken eingeschlossen.

(102) Niemand darf zur Versammlung oder ins Refektorium mit Schuhen an den Füßen oder in seinen Umhang eingehüllt gehen, weder im Klosterbezirk noch im Freien.

(103) Niemand darf seinen Umhang in der Sonne lassen, bis mittags das Zeichen zum Essen gegeben wird. – Wer all dies vernachlässigt, wird bestraft.

(104) Niemand darf einen Schuh oder einen anderen Gegenstand einölen, ausgenommen allein die Majores domus.

(105) Wenn ein Bruder sich verletzt hat, soll er sich nicht ins Bett legen, sondern aufbleiben; falls er Verbandszeug oder Salbe braucht, wird sein Major domus zum Wirtschafter gehen und sie für ihn abholen, bis er wiederhergestellt ist; dann bringt er sie an ihren Platz zurück.

(106) Niemand darf irgend etwas von irgend jemandem in

Empfang nehmen ohne Erlaubnis seines Major domus.
(107) Niemand darf in einer verriegelten Zelle schlafen, noch darf jemand einen verriegelbaren Raum bekommen, ohne autorisiert zu sein.
(108) Niemand – die Bauern einbegriffen – darf die Ställe betreten, ohne daß er hingeschickt worden wäre, ausgenommen allein die Viehhirten.
(109) Es ist verboten, zu zweit auf einem nackten Esel zu reiten oder auf einer Wagendeichsel.
(110) Wenn du, auf einem Esel reitend, beim Kloster ankommst, sollst du, außer im Falle einer Krankheit, absteigen und ihm vorausgehen.
(111) Niemand darf in die Werkstätten gehen außer den Amtsträgern, wenn es ihre Pflicht erfordert; keiner (d. i. auch die Arbeiter nicht) soll überhaupt dorthin gehen, bevor es zum Essen geläutet hat, außer in einem dringenden Fall. Dann soll man es zunächst der Aufsichtsperson melden, und die soll den Wochenordner verständigen.
(112) Niemand soll das Vorratshaus(?) betreten, und niemand soll überhaupt irgend ein Haus betreten, wenn er nicht dazu angewiesen ist.
(113) Niemand soll von irgend jemandem – seinen Bruder eingeschlossen – irgend etwas zur Aufbewahrung annehmen.
(114) Niemand soll irgend etwas innerhalb seiner Zelle essen.
(115) Wenn ein Amtsträger auf Reisen gehen muß, dann soll der Major domus seiner Abteilung die Verantwortung für dessen Haus in allen Punkten übernehmen, während sein (des Major domus) Vertreter alle seine (des Major domus) Aufgaben übernimmt. Die Katechesen der Fastentage (Mittwoch und Freitag) soll er zunächst in seinem eigenen Haus und dann im Haus seines (des verreisten) Bruders abhalten.
(116) Was die Bäckerei betrifft, so soll niemand am Abend

beim Kneten sprechen, weder diejenigen, die beim Backen angestellt sind, noch diejenigen, die am (nächsten) Morgen für die Backbretter angestellt sind. Sie sollen vielmehr gemeinsam rezitieren, bis sie ihre Arbeit beendet haben. Wenn ihnen etwas fehlt, so sollen sie nicht sprechen, sondern vernehmlich klopfen.

(117) Niemand soll zum Kneten gehen, bevor er Anweisung dazu hat. Keiner soll beim Ofen stehen bleiben (sich b. O. aufhalten), während die Bäcker backen, ausgenommen allein diejenigen, die dazu bestimmt sind.

(118) Was die Boote angeht, so soll kein Bootsmann sein Boot vom Ufer abstoßen – die Fischerboote eingeschlossen – ohne die Aufsichtsperson des Klosters. Wenn sie das Boot bestiegen haben, soll niemand in die Kajüte schlafen gehen. Man darf weder einen Weltmenschen zum Schlafen zu ihnen aufs Boot lassen

(119) noch ein zerbrechliches Gefäß (eine Frau) ohne Erlaubnis der Aufsichtsperson des Klosters.

(120) Niemand darf in seinem Hause den Ofen anstecken, bevor die Brüder dazu nicht angewiesen sind.

(121) Wer zu einem der sechs Abendgebete zu spät kommt oder nicht mitrezitiert, oder wer lacht oder schwätzt, der muß sich sechsmal in seinem Haus (zur Buße) mit der Stirn auf den Boden werfen.

(122) Wenn sie ins Haus zurückgekehrt sind, sollen sie nicht etwas Weltliches reden, sondern über die Worte, die der Hausvorsteher gesprochen hat, nachdenken.

(123) Beim Nachdenken über die Katechese soll man nicht (Körbe) flechten noch Wasser schöpfen, bis es der Major domus anordnet.

(124) Niemand darf Schilf zum Flechten holen ohne Erlaubnis des Wochendienstordners.

(125) Wer ein Tongeschirr zerbricht oder wer dreimal einen Trink(becher) (in den Brunnen) fallen läßt, der wird während seiner sechs Gebete bestraft (wie in Nr. 121).

(126) fehlt.
(127) Wenn ein Bruder von den Brüdern heimgegangen ist, geleitet man ihn gemeinsam ins Wüstengebirge (Friedhof). Niemand bleibt ohne Anordnung zurück, und niemand psalmodiert, ohne dazu bestimmt zu sein.
(128) Während der Prozession zum Wüstengebirge soll man (auch) nicht zu zweit (?) psalmodieren. Niemand trägt auf dem Wege zum Friedhof einen Umhang. Man soll respondieren, aber gemeinsam einstimmig (gleichzeitig).
(129) Der für die Kranken Vorgesetzte beschließt den Zug für den Fall, daß ein Bruder krank wird. Dies Verhalten gilt überall, wo er (der Krankenwärter) hingeschickt wird.

Aus den Praecepta et Instituta
(Regeln und Ordnungsvorschriften)

(18) Man darf keinen ertappen (und dulden) im Zustand der Trunkenheit ...
Man darf keinen ertappen (und dulden), wie er Bande zerschneidet, die Gott im Himmel geschaffen hat, damit sie auf der Erde existieren.
Man soll am Christfest nicht verdrießlich sein.
Man soll sein Fleisch (seinen Leib) beherrschen nach dem Vorbild der Heiligen.
Man darf keinen auf erhöhten Schlafstätten finden, wie sie die Heiden haben.
Man soll nicht die Grenzsteine versetzen.
Man soll bei seinen Absichten keine List anwenden.
Man soll nicht die Armut seiner Seele vergessen.
Man soll nicht verzweifeln über die Werke des Fleisches (Leibes).
Man soll nicht in Nachlässigkeit verfallen.
Man soll nicht eilfertig überflüssige Worte reden.
Man soll nicht Galle gießen in den Mund eines Blinden.

Man soll seine Seele nicht Zerstreuung (Fröhlichkeit) lehren.
Man soll sich nicht aus der Fassung bringen lassen durch das Gelächter von Toren ... süßliche Reden.
Man soll seine Seele nicht fortreißen lassen durch ein Geschenk.
Man soll sich nicht aus der Fassung bringen lassen durch die Redeweise eines Kindes.
Man soll sich nicht niederschlagen lassen durch Trübsal.
Man soll den Tod nicht fürchten, aber Gott.
Man soll nicht aus Furcht etwas leugnen.
Man soll nicht das Licht (Heil) dahingeben für Nahrung.
Man soll nicht »schwimmen« bei seinen Arbeiten.
Man soll nicht wankelmütig sein in seiner Rede, sondern genau und treffend in seinem Urteil, unterscheidend und der Wahrheit gemäß entscheidend, ohne Stolz (oder Eitelkeit), aber frei (vor Gott und den Menschen).
Man soll nicht blind (unkundig) sein im Wissensgebiet der Heiligen.
Man soll nicht aus Hochmut unrecht tun an seinem Nächsten.
Man soll sich nicht anheften (an etwas) mit lüsternen Augen.
Man soll nicht zu Fall kommen durch begehrliche Gedanken.
Man soll nicht manövrieren mit Verschlagenheit.
Man soll die Unehrenhaften nicht freisprechen.
Man soll einen Mann bei Gericht nicht auf Grund eines Geschenkes, das man erhalten hat, gut beleumunden.
Man soll nicht eine Seele verdammen aus Stolz.
Man soll nicht inmitten junger Leute ein Possenreißer sein ...
Man soll nicht die Not der armen Seelen vergessen.
Man soll nicht um eines Vorteils willen einen falschen Schwur tun.

Man soll nicht lügen aus Stolz.
Man soll nicht um eine Würde streiten.
Man soll sich nicht als Zeuge verweigern wegen der Mühe.
Man soll seine Seele nicht preisgeben (aus Angst) vor Schande.
Man soll seine Augen nicht haften an die Leckerbissen einer Tafel ...

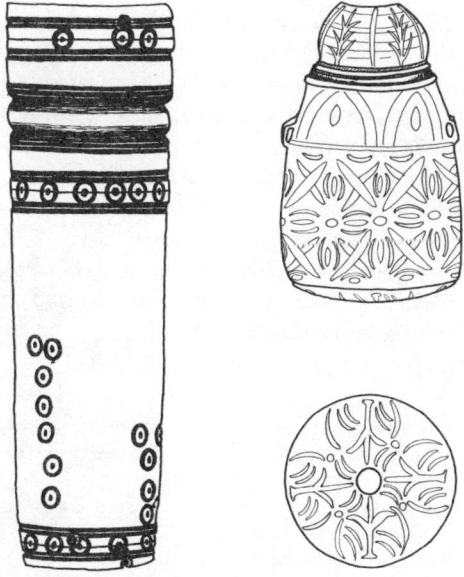

Links: Zylindrisches Büchschen aus Bein mit schwarz eingefärbtem Ritzmuster. Volkskunst; heute in Tübingen.
Rechts oben: Parfümbüchschen aus Elfenbein mit eingraviertem Rosetten- und Palmettenmuster. Volkskunst; heute in Tübingen.
Rechts unten: Boden des Parfümbüchschens.

DER TOD
DES PACHOM

Beim Tod des Pachom kommt die gleiche Angst zum Ausdruck, die auch Antonius bei seinem Sterben bewegte: es könne sich um ihn ein Heiligenkult bilden. Beide bemühten sich, jede Art von ägyptischem Totenbrauch zu verhindern. Dagegen ist die autobiographische Reinheitserklärung des Pachom ganz im Stile der altägyptischen Grabinschriften gehalten. Was nach Selbstruhm aussehen könnte – Pachom weist ihn ausdrücklich zurück – geht letzten Endes auf die Reinheitserklärung der pharaonischen Priester beim Betreten eines Tempels zurück und hat von daher den uns peinlichen Anschein des Selbstlobes. Doch stellt Pachoms verbales Vermächtnis nichts anderes dar, als die praktische Außenseite seiner Lehre, die er durch Hinweis auf sein Verhalten seinen Jüngern noch einmal zusammenfassend ins Gedächtnis ruft.
Pbow ist der Ort des Klosters.

Koptischer Text (Saïdisch) veröff. von L.-Th. Lefort, S. Pachomii vitae sahidice scriptae. Corpus Scriptorum Christianorum Orientalium 99 u. 100 = Scriptores Coptici 9 u. 10, S. 87 ff.
Französische Übersetzung: L.-Th. Lefort, Les vies coptes de Saint Pachôme, Bibliothèque du Muséon, Vol. 16, Löwen 1943, S. 45 ff.
Die nun folgende Übersetzung ist der geläufigeren Sprachform wegen vergleichsweise frei.

Eines Tages wurde unser Vater Pachom krank. Er ließ es aber keinen Bruder wissen, daß er krank war, ja, seiner Art gemäß nahm er selbst seine Krankheit gar nicht ernst, im Gegenteil, kräftig und tapfer wie er war, ging er mit ihnen noch (aufs Feld), um die Ernte einzubringen, denn die Brüder waren gerade in der Ernte. Doch während er ernte-

te, stürzte er zu Boden auf sein Gesicht, mitten unter ihnen. Die Brüder erschraken, liefen auf ihn zu und hoben ihn von der Erde auf. Als sie ihn aufsetzten, spürten sie das hohe Fieber in seinem Körper. Sie machten sich mit ihm auf den Weg und brachten ihn ins Kloster zurück. Dort streckte er sich auf dem Boden aus (nach Art der Mönche um den Leib gegürtet). Sie (die Brüder) baten ihn, wegen des Fiebers den Gürtel zu lösen und sich wie alle kranken Brüder auf ein Bett zu legen. Doch er gab nicht nach und blieb weiterhin auf dem Boden liegen.
Einer setzte sich (neben ihn) und fächelte ihm mit seiner Kapuze (kühlende Luft) zu, so wie man es auch den andern tat, denn es lagen viele Kranke am Boden. Es hatte sie nämlich eine schwere epidemische Krankheit befallen. Einer von denen, die ihn zu besuchen gekommen waren, wandte sich zu dem Bruder, der ihm mit seiner Kapuze fächelte: »Kannst du nicht einen Fächer auftreiben, um ihm damit zu fächeln?« Er aber (Pachom), der dies zwar hörte, aber wegen der Krankheit außerstande war zu sprechen, bedeutete ihm durch ein Zeichen mit dem Finger: »Wenn man Fächer findet für jeden dieser vielen Kranken, dann mag man auch einen für mich nehmen.«
Pachoms Krankheit zog sich hinein in die 40 Fastentage. In der letzten Woche der Fastenzeit vor Ostern fanden sich die Brüder sämtlicher Klöster in Pbow ein, um miteinander Ostern zu feiern. Da erschien ihm (Pachom) ein Engel des Herrn und sprach zu ihm: »Mach dich bereit, Pachom, denn der Herr wird am Tage des Festes ein großes Opfer aus deinem Hause nehmen.« Und er, er dachte bei sich: »Der Herr wird vielleicht mich am Samstag des Festes des Herrn heimholen.« Während der vier Tage vor Ostern, die er ohne zu essen verbrachte, war er sehr traurig, doch er seufzte nur inwendig, damit die Kongregation nicht betrübt würde.
Am Freitagabend – es war der dritte Tag ohne jedes Essen

– versammelte er alle Brüder um sich und sprach zu ihnen wie seinerzeit Samuel zum Volk gesprochen hatte, um ihm seine Weisungen zu geben. Ähnlich wie dieser wandte er sich an sie und sprach: »Ich denke, meine Brüder und Söhne, daß meine Stunde gekommen ist, den Weg alles Fleisches zu gehen, wie es alle meine Väter getan haben.
Ihr kennt ja meinen Lebenswandel. Ich habe mein ganzes Leben unter euch in Demut zugebracht.
Ihr wißt auch, daß ich in keinem Punkte mehr Bequemlichkeit in Anspruch genommen habe, als sie einem von euch zugestanden war.
Im Gegenteil, wir haben zusammengelebt wie ein Mann.
Ich habe an diesem heiligen Orte (Kloster) niemals eure Blicke gescheut. Der Herr ist Zeuge meines Gewissens, daß ich dies weder aus Stolz noch zu meinem Ruhme sage.
Ich werde euch wahrhaftig nicht aufhalten mit Dingen, die ich offen vor euren Augen getan habe, um euch zu überzeugen, sondern ich werde euch nur Dinge enthüllen, die nicht offenliegen, damit ihr euch jetzt darüber freuen könnt.
Ich habe auch keinerlei Anstoß erregt, weder vor Gott noch vor den Menschen.
Und der Herr weiß, daß eure Seelen keine Ruhe finden werden, wenn ihr euch nicht nach den Anweisungen verhaltet.
Ich sage dies alles, weil ich nicht weiß, was auf uns zukommen wird, denn der Herr hat uns im Evangelium gesagt: »Wachet, weil ihr weder Tag noch Stunde kennt, da der Menschensohn kommen wird« (Math. 25,13).
Wahrhaftig, Ihr wißt, was mein Ziel war: daß ich niemals einen von euch verwiesen habe auf Grund meiner Machtstellung, außer wenn es um sein Seelenheil ging. Ich habe euch nicht von einem Ort zum andern oder von einer Werkstatt zur andern versetzt, außer wenn ich wußte, daß es im Sinne Gottes war und zum Nutzen des Bruders.

Ich habe niemals Böses mit Bösem vergolten.
Ich habe niemals einen (wieder) beleidigt, der mich durch Ungeduld oder Zorn beleidigt hatte, sondern ich unterwies ihn mit Geduld, damit er nicht mehr gegen Gott sündige, und ich sagte ihm: »Magst du gegen mich (ruhig) sündigen, der ich ein Mensch bin wie du, aber hüte dich, gegen Gott zu sündigen, der dich geschaffen hat.«
Niemals habe ich mich empört, wenn mir jemand einen ernsten Vorwurf machte, selber wenn es ein kleiner (Mann) war, der mir die Vorwürfe machte, im Gegenteil, ich habe seine Tadel um Gottes Willen angenommen, wie wenn Gott (selbst) mir die Vorwürfe gemacht hätte.
Wenn ich auswärts oder zu einem anderen Kloster ging, habe ich niemals autoritär verlangt: »Gebt mir einen Esel, damit ich reite.« Im Gegenteil, ich ging zu Fuß, dankbar und bescheiden.
Wenn einer mit dem Esel hinter mir herlief, habe ich ihn nur dann angenommen, wenn ich krank war und ihn brauchte, wenn ich aber gesund war, dann nahm ich ihn nicht ...«
Während er so sprach, saß Theodor in einiger Entfernung, sein Gesicht zwischen den Knien, und weinte. Auch viele andere Brüder weinten, indem sie daran dachten, welche Dienstbereitschaft er ihnen immer erwiesen hatte und mit welcher Demut er sich immer wieder zum Diener eines jeden gemacht hatte, in der Ehrfurcht vor dem Herrn, so wie Paulus gesagt hat: »Wir haben uns gering gemacht unter euch. Wie eine Amme ihre Kinder wärmt, so wollten wir euch nicht nur das Evangelium bringen, sondern auch unsere Seelen, weil ihr uns Freunde geworden seid« (1. Thess. 2, 7–7).
Während er den Brüdern all das darlegte, lag unser Vater Pachom krank. Es war der dritte Tag, den er ohne zu essen verbrachte. Und sie weinten, weil das Unheil über sie kommen würde, wenn der Herr ihn heimsuchte.

Apa Papnute, Wirtschafter der Klöster und Bruder des
Apa Theodor, war ebenfalls krank, und er verschied am
Abend des Ostersamstag. Da erinnerte sich unser Vater
Pachom sofort des Wortes, das der Engel ihm gesagt hatte:
»Man wird ein großes Opfer aus deinem Haus am Fest des
Herrn holen.«
Zahlreiche Brüder starben an dieser Krankheit, so daß an
jedem Tag einer starb, ja an manchen Tagen zwei, an anderen Tagen sogar drei oder vier. Und nach dem Willen des
Herrn kam das Sterben in alle Klöster der Brüder. Auch
sehr viele Vorsteher der Brüder erlagen dieser Krankheit.
Im Augenblick, da sie das Fieber packte, wechselte plötzlich ihre Farbe, ihre Augen füllten sich mit Blut, und sie
sahen aus wie Menschen, die man würgt, bis sie keine Luft
mehr haben. [Viruspneumonie?]
An dieser Krankheit verschieden Apa Papnute, Wirtschafter des großen Klosters von Pbow und Bruder des Apa
Theodor . . . Das waren allein in Pbow etwa 130 Menschen.
Unser Vater Pachom blieb weiter krank und wurde von
Theodor gepflegt. Vierzig Tage lang lag er darnieder, im
gleichen Raum, wo alle kranken Brüder lagen. Er wurde
auch wie alle Brüder versorgt, ohne daß zwischen ihm und
den andern der geringste Unterschied gemacht worden
wäre, ganz entsprechend den Weisungen, die er ihnen früher gegeben hatte.
Als sein Körper durch die Länge der Krankheit und die
Glut des Fiebers schwach wurde, entzündeten sich auch
sein Herz und seine Augen. Er sagte zu Theodor: »Tu mir
die Liebe und bring mir eine abgeschabte Decke und decke
mich damit zu, weil diese zu schwer ist; ich kann sie nicht
mehr ertragen, denn es sind schon vierzig Tage, daß ich
krank bin. Aber ich danke dem Herrn dafür.« Sofort ging
Theodor, nahm von dem Wirtschafter eine gute und
leichte Decke in Empfang, brachte sie und deckte ihn da-

mit zu. Als er den Unterschied der Decke bemerkte, entrüstete sich unser Vater Pachom über Theodor und sagte zu ihm: »Welch große Ungerechtigkeit hast du begangen, Theodor! Willst du, daß ich den Brüdern ein Ärgernis bereite, die nach mir kommen und sagen werden: ›Pachom hat in seinem Leben mehr Erleichterungen angenommen als alle Brüder?‹ Und (willst du), daß ich vor das Gericht des Herrn gestellt werde? Heb sie von mir fort, ich werde mich schon irgendwie einrichten, bis ich zum Herrn eingehe.« Theodor hob sie von ihm weg, brachte eine andere, die abgenutzt und schlechter war als die aller anderen kranken Brüder, und deckte ihn damit zu.

An Pfingsten war er immer noch krank. Drei Tage vor seinem Verscheiden bestellte er alle Großen unter den Brüdern zu sich und wandte sich mit folgenden Worten an sie: »Nun werde ich zu dem Herrn gehen, der uns geschaffen hat und der uns vereint hat, um seinen Willen zu tun. Beschließt nun miteinander, wen ihr (in Zukunft) zu eurem Vater haben wollt.« Doch sie weinten fortwährend, und niemand gab Antwort, weil sie soviel Schmerz empfanden im Gedanken an das Leid, das ihnen mit seinem (des Pachom) Heimgang widerfahren würde, ganz so wie den Schafen, denen man ihren Hirten nimmt. (vgl. Matth. 9, 36)

Da wiederholte er seine Aufforderung an Apa Horsiesios: »Sprich mit ihnen und stelle fest, wen sie als Vater haben wollen«, und sie antworteten ihm einstimmig: »Wenn es nun einmal so sein soll: wir kennen keinen außer Gott und dir. Wie du es uns bestimmen wirst, so werden wir handeln.« Er (Pachom) antwortete ihnen: »Der Mann unter euch, den der Herr mir als denjenigen enthüllt hat, der eure Seelen in der Furcht des Herrn führen wird, das ist Petronios, der Vater des Klosters von Tsmine. Denn wegen der Reinheit seines Herzens hat er häufig Visionen und ist geschickt in allem. Ich meine aber, daß auch er krank ist. Wie es auch sei, wenn er am Leben bleibt, sei er euer Vater.« Sogleich rief er einige der Alten und schickte sie fort zu fragen, ob er noch am Leben sei.

Dann versammelte er die Brüder um sich und sagte zu ihnen: »Jetzt werde ich den Weg alles Fleisches gehen.« Die Brüder gingen alle zusammen in die Kirche und verbrachten dort drei Tage in Gebet und Klage, damit der Herr ihn (Pachom) noch eine kleine Zeit auf der Erde lasse. Nach drei Tagen schickte er (Pachom) den Theodor, um ihnen zu sagen: »Hört mit Weinen auf, denn vom Herrn ist meinetwegen Befehl ergangen, daß ich zu all meinen Vätern versammelt werden soll.« Da gingen die Brüder dorthin zurück, wo er lag, und fuhren fort, in großem Herzeleid zu weinen.

Dann wendete er (Pachom) sich an Theodor und sprach zu ihm: »Wenn der Herr mich heimsucht, dann laß meinen Körper nicht dort liegen, wo er begraben wird.« Der antwortete ihm in Herzeleid: »Ich werde nach deinen Worten handeln.« Da packte er (Pachom) ihn an seinem Bart und schlug ihm zum zweiten Mal auf die Brust: »Theodor paß auf, laß meinen Körper nicht dort liegen, wo er begraben wird«, und der antwortete wiederum: »Mein väterlicher Herr, ich werde alles tun, was du mir aufträgst, aus Dankbarkeit.« Theodor dachte dabei in seinem Innern: »Vielleicht gibt er dieses Gebot so dringend, damit nicht jemand seinen Körper heimlich wegnimmt und ihn mit einer Andachtskapelle überbaut, wie man es mit den heiligen Märtyrern macht.« Denn er hatte ihn oft jene tadeln hören, die das taten, indem er sagte: »Die Heiligen sind nicht zufrieden mit denen, die so handeln, denn wer das tut, der treibt Handel mit den Leibern der Heiligen.«

Dann packte er (Pachom) zum dritten Mal seinen Bart und sagte: »Theodor, paß auf, tu alles, was ich dir sage, ganz rasch! Und außerdem: Wenn die Brüder nachlässig werden, dann sollst du sie aufrütteln entsprechend dem Ge-

Koptischer Grabstein eines Mannes namens Dios, wohl aus Esna. 5.–7. Jhdt.; heute in Tübingen.

setz Gottes.« Theodor dachte bei sich: »Was bedeutet das denn, was er da geäußert hat: Wenn die Brüder nachlässig werden, dann sollst du sie aufrütteln entsprechend dem Gesetz Gottes. Wollte er etwa sagen, daß die Brüder nach einer gewissen Zeit mir anvertraut sein sollen? Ich weiß es nicht.«
Während er das noch bei sich erwog, antwortete ihm unser Vater Pachom: »Sei nicht so zaudernd und schwankend! Es geht nicht nur um das, was ich dir gesagt habe, sondern auch um das, was du selbst dazu denkst.« Unter Tränen antwortete ihm Theodor: »Es ist recht.«
Als er (Pachom) das gesagt hatte, wurde er eine Zeitlang bewußtlos und sprach mit keinem mehr. Dann bekreuzigte er sich dreimal mit der Hand, öffnete seinen Mund und gab seinen Geist auf; am 14. Tage des Monats Pachons, in der 10. Tagesstunde.
Im gleichen Augenblick kam am nämlichen Ort (des Todes) eine große Angst auf, so daß er (der Ort) dreimal erbebte. Viele der Alten, die oft Visionen hatten, erzählten (später): »Wir haben Scharen von Engeln gesehen, die einen über den anderen, und sie betrachteten ihn. Dann sangen sie Hymnen vor ihm in großer Freude, bis er zu seiner Ruhestätte gebracht wurde. Und der Raum, an dem er gestorben ist, war von den Engeln viele Tage lang mit süßem Duft erfüllt.«
Theodor legte ihm die Hand auf die Augen und drückte sie zu, so wie Joseph, von dem der Herr zu Jakob gesagt hat: »Fürchte dich nicht, nach Ägypten zu ziehen, denn ich will dich dort zu einem großen Volk machen. Ich werde mit dir nach Ägypten ziehen und werde dich auch wieder herausführen. Und Joseph wird dir die Hand auf die Augen legen« (Gen. 46, 3–4).
Alle Brüder liefen weinend zu ihm und küßten ihn auf den Mund und auf seinen ganzen heiligen Leib. Den Rest des Tages und die ganze Nacht verbrachten sie, indem sie ihn

vor dem Altar umringten und beteten. Nach Vollendung des Morgengottesdienstes bahrten sie seinen heiligen Leib auf, so wie alle Brüder aufgebahrt wurden, und legten die Hostie auf seinen Mund. Dann sangen sie Psalmen vor ihm, bis sie ihn zum Friedhof in das Wüstengebirge trugen und ihn begruben, am 15. Tage desselben Monats.
Danach wandten sich die Brüder zurück zum Kloster in großem Herzeleid und in Demut. Viele von ihnen sagten zu ihrem Nächsten: »Wahrlich, wir sind heute zu Waisen geworden.« Als sie an den Rand der Wüste hinabkamen, nahm Theodor bei Nacht drei Brüder mit sich, und sie trugen ihn weg von dort, wo er begraben war, und legten ihn irgendwo (an geheimem Ort) nieder, zusammen mit Apa Papnute, dem Bruder des Apa Theodor, dem Wirtschafter des Klosters, und niemand kennt den Ort, an dem er liegt, bis zum heutigen Tage.
Die Zeit seines Lebens hat 60 Jahre betragen. Mit 21 Jahren war er Mönch geworden und hat demnach 39 Jahre als Mönch verbracht.
Als der Herr gesehen hatte, daß er in jeder Hinsicht seinen Leib kasteit hatte, bis er seinen (des Herrn) Willen erfüllt hatte, da wollte er ihm Ruhe geben und nahm ihn zu sich. Er hat ihm keine lange Lebenszeit gegeben, so daß er etwa hinfällig geworden wäre, wie er es nicht gewollt hätte ...

Die große Biographie unseres Vaters Pachom, des Archimandriten, ist nunmehr beendet.

Nachschrift des Schreibers:

Gedenket meiner, betet für mich, meine Väter des Klerus, und wer auch immer in diesem Buche lesen mag. (Für) mich, Susinne, diesen größten Sünder der ganzen Erde und unwürdig des Namens eines Diakons. Sprecht: »Der Herr möge Mitleid haben mit diesem Elenden«, damit durch eure heiligen Gebete und die Bewegung eurer reinen Lippen der Herr mir gnädig sei in dem ungeheuren Meer meiner Sünden und er der Wiederauferstehung meines Lebens für die Zukunft zustimme und Mitleid mit mir habe am Tage meines Schicksals (des Jenseitsgerichtes), am Tage des Grams und der Seufzer. So sei es. Amen.

Wollwirkerei einer Vase mit Lebensbaum. 5./6. Jhdt.; heute in Wien, Österreichisches Museum.

AUS DEN REGELN
DES
WEISSEN KLOSTERS

Bei Sohâg, nördlich der Klosterprovinz des Pachom, entstand mit dem »Weißen Kloster« ein zweiter großer Klosterverband. Begründet hat ihn – auf Drängen der Einsiedler – Pdjol, ausgebaut und wirtschaftlich durch die Anlage reicher Pflanzungen im Umkreis des Klosters autark gemacht hat ihn Pdjols Neffe Schenûte (Sinuthios). Das Kloster glich nicht nur äußerlich einer starken Festung, auch das Leben der schließlich 4000 Mitglieder zählenden Mönchgemeinschaft war soldatisch streng geregelt. Die Mönche wohnten nicht jeder in einer Zelle für sich, wie das bei Pachom die Regel war, sondern immer zu zweit, so daß sich jeder unter den Augen eines anderen zu bewähren hatte. Allerdings war den Mönchen erlaubt, sich von Zeit zu Zeit aus dem Koinobion in Einsiedlerzellen zurückzuziehen, wie das Schenûte auch selbst zu tun pflegte. Das Fundament der Klosterregeln bildete die Regel Pdjols, Gründers des Weißen Klosters, Onkels und Vorgängers von Schenûte als Abt. Sie gehen zwar aus von den Regeln, die Pachom seinem Klosterverbande gegeben hatte, waren aber bedeutend verschärft und kamen in den Rang allgemeiner Gültigkeit, denn sie schienen sich widerspruchslos mit der heiligen Schrift zu decken. Die Regeln sind nicht systematisch in Paragraphen zu einem Klosterstatut zusammengefaßt, vielmehr hat Pdjol sie in seiner Einsiedlerhütte in Briefform geschrieben und sie nach und nach den Mönchen zugestellt. Von ihnen ist indes nicht ein einziges Bruchstück erhalten, sie können nur aus Werken Schenûtes hier und da erhoben werden. Davon seien im folgenden Proömium und Eintrittsgelübde mitgeteilt.

Die Publikation der beiden koptischen Texte ist besorgt von Johannes
Leipoldt, Schenute von Atripe, Texte und Untersuchungen NF 10,
Leipzig 1903, S. 194 und S. 195.

Proömium

Denkt an Adam, unseren ersten Vater! Gott gab ihm nur
ein Gebot: Iß nicht von diesem Baume, damit du nicht
stirbst! Doch siehe: Als er gegen ihn ungehorsam geworden war, duldete er ihn keine einzige Stunde mehr, sondern er verjagte ihn gar zornig aus dem Paradiese. Wird er
also uns verschonen, wenn wir seine Gebote übertreten
oder uns nicht vielmehr von seinen heiligen Stätten (den
Klöstern) verjagen?

Fürwahr, ich frage mich, ob er uns vielleicht schon aus ihnen verstoßen hat, ohne daß wir es gemerkt haben, wie unser Vater gesagt hat: Man verstieß euch von diesen Stätten
und ließ euch doch in ihnen. Denn er sprach bei einem
Ausschluß: Wenn die, die diesen Stätten irgendwann vorstehen, solche Leute fahrlässig dulden, ohne sie auszustoßen, dann wird der Engel des Bundes, den Gott auf diesem
Berge gestiftet hat (die Mönchsgemeinschaft), sie mit seinen eigenen Händen wegschaffen und sie aus der Mauer
dieser Mönchsgemeinschaften ausstoßen.

Dies ist das erste Wort des Bundes, den Gott mit unserem
ersten Vater (Pdjol) geschlossen hat. Wir wollen aber bedenken, Brüder, daß das nicht nur Worte und Laute sind,
sondern daß das gewiß auch so geschehen wird . . .

Das Eintrittsgelübde

Jeder, der in Schenûtes Kloster aufgenommen werden wollte, hatte zwei
Bedingungen zu erfüllen: Er mußte seinem Besitze entsagen und mußte
einen reinen Lebenswandel geloben. Mann oder Frau, so heißt es im
Text, hatten vor dem Altare ihr Gelübde in Gottes Gegenwart zu sprechen. Einschließlich seiner Kleider mußte sich der Eintretende all seiner
Habe entäußern. Wem er sie vermachte, war ihm freigestellt; trat er einen

Teil davon an das Kloster ab, so durfte ihm daraus kein Vorteil erwachsen. Ein Vorsteher, der ihn deswegen etwa bevorteilen wollte, war mit dem Fluch belegt. Die Besitzübergabe wurde juristisch exakt schriftlich beurkundet.

Im Kloster herrschte Gütergemeinschaft, aber wenn einer aus eigenem Antrieb oder weil er verstoßen wurde, das Kloster verließ, wurde ihm von seinem ehemaligen Besitze nichts zurückerstattet. Während die Forderung der Armut auf Pachom zurückgeht, ist die zweite Aufnahmebedingung, das Gelübde des reinen Lebenswandels, vom Weißen Kloster eingeführt. Der Anfang dieses Gelübdes ist erhalten und lautet folgendermaßen:

Jeder soll so sprechen:
Ich gelobe vor Gott an seinem heiligen Orte, indem das Wort, das ich mit meinem Munde spreche, mein Zeuge ist:
Ich will meinen Körper in keiner Weise beflecken.
Ich will nicht stehlen.
Ich will kein falsches Zeugnis geben.
Ich will nicht lügen.
Ich will nicht heimlich betrügen.
Wenn ich übertrete, was ich gelobt habe, so will ich nicht ins Himmelreich kommen, obwohl ich es schon im Blick hatte (im Kloster). Gott, vor dem ich den Bund einging, wird dann meine Seele und meinen Leib in der feurigen Hölle vernichten, denn dann habe ich den Bund, den ich einging, gebrochen . . .
Was aber Widerspruch oder Ungehorsam oder Murren oder Streit oder Aufsässigkeit und ähnliches angeht, so bemerkt das die ganze Gemeinschaft . . .

Mehr ist von dem Text nicht erhalten. Erst nach den allgemein sittlichen Geboten, die dem Urteil Gottes unterstellt sind, wird der Gehorsam gegen die Klostergesetze betitelt. Die Gelübde binden zwar nicht auf ewig, aber wenn einer das Kloster verließ oder verlassen mußte, so weinte man ihm keine Träne nach. So jedenfalls befahl es Schenûte. Denn nach ihm konnte der Abtrünnige nicht aus reinen Absichten ins Kloster eingetreten sein. Wer nur gekommen war, um seiner Steuerlast zu entfliehen, um regelmäßig versorgt zu sein oder etwa um kostenlos ein Handwerk zu erlernen, der wurde von Schenûte gehörig aufgeklärt. So lesen wir etwa folgendes:

Die Sache, derentwegen einer hierherkommen soll, das sind die heiligen Schriften und die Bücher, die uns geschrieben sind (d. h. die Klosterregel) . . . Wenn ihr hierhergekommen seid, um für ein Handwerk zu arbeiten, und nicht, um an eurem Heile zu arbeiten, so sage ich euch: Das Handwerk gehört dorthin, woher du kommst . . . Wenn du nur arbeiten willst, was du schon zu Hause zu tun pflegtest, wer soll dir dann glauben, daß du deine weltlichen, törichten, hurerischen und alle anderen Untugenden lassen wirst und daß du Lehre annehmen und dich läutern und alles Gute tun wirst, das man dir gebieten wird? Wer hierherkommt, der soll nicht seinen eigenen Willen, sondern Gottes Willen tun wollen.

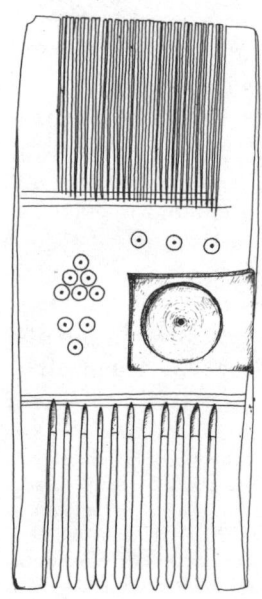

Wollwebkamm aus Holz. Volkskunst; heute in Tübingen.

BERICHTE SCHENÛTES
ÜBER EINFÄLLE DER BEDUINEN
IN OBERÄGYPTEN

Schenûtes Ruf in der Nachwelt gründet sich auf seine Sprachgewalt. Er gilt als der eigentliche Begründer der koptisch-christlichen Literatur, schrieb seine zahlreichen Werke in dem koptischen Dialekt des Saïdischen, war zwar theologisch wenig produktiv, tritt aber eindrucksvoll durch seine Predigten und Briefe hervor. Schenûtes Briefe vermitteln ein höchst anschauliches Bild vom Leben in den koptischen Klöstern, seine Predigten galten als Muster und wurden nach seinem Tod noch lang im Gottesdienst verwendet.

Von Schenûtes Zeugnissen sind hier zunächst drei Berichte ausgewählt, die nicht den üblichen Klosterbetrieb zum Gegenstand haben, vielmehr eine ungewöhnliche Klostersituation, durch die der Charakter des Abtes besonders greifbar werden dürfte: Zur Zeit des römischen Staatszerfalls war das Militär nicht mehr in der Lage, die äußeren Provinzen zu schützen, so daß Beduinen verschiedener Stämme (Bega, Blemyer), die in der östlichen Wüste schweiften und von Süden über Nubien nach Ägypten einfielen, nicht abgewehrt werden konnten, so daß die Nillandbewohner hilfesuchend in die Klöster flüchteten.

Jetzt konnte Schenûtes vielseitige Begabung zum Tragen kommen. Er wirkte als Befehlshaber, Organisator, Wirtschafter, Seelsorger, Prediger, Schriftsteller und konnte die dicht neben seiner Rigorosität angesiedelte Nächstenliebe in die Tat umsetzen. So haben diese Berichte in der Besonderheit ihrer Farbgebung eine eigene Anziehungskraft. Es sind drei Originalberichte von Schenûte selbst gewählt;

anstelle eines vierten, der weniger gut erhalten ist, die spätere arabische Fassung einer Schenûtebiographie, die sich eng an Schenûtes Bericht anschließt, sich gelegentlich etwas kürzer faßt und statt in der Ich-Person in der Er-Person schreibt. Die Stelle wurde in der Übersetzung gekennzeichnet.

Die Texte sind (erst teilweise) veröffentlicht von:

Johannes Leipoldt, Sinuthii archimandritae opera omnia, in: Corpus Scriptorum Christianorum Orientalium 41 und 42 = Scriptores Coptici 2, 4 und 5 (koptischer Text).

Hermann Wiesmann, Sinuthii Archimandritae Vita et Opera omnia, Corpus Scriptorum Christianorum Orientalium 96 und 108 = Scriptores Coptici 8 und 12 (lateinische Übersetzung).

Über Schenûte: Johannes Leipoldt, Schenute von Atripe, Texte und Untersuchungen zur Geschichte der altchristlichen Literatur NF 10, Leipzig 1903 (veraltet, aber letzte Bearbeitung).

Über die Einfälle der Beduinen: Johannes Leipoldt, in: »... und fragten nach Jesus.« Fs E. Barnikol, Berlin 1964, S. 52–56.

1. Bericht

Siehst und hörst du nicht, was die Barbaren den Mönchsgemeinschaften antaten ... und der Stadt ... und den Dörfern und all den anderen Stätten? Das Herzeleid, die Zerstörung und die Plünderung, die die Feinde über die Kinder der Kirche brachten, reichen aus, das Herz der Weisen zu demütigen, besonders (wegen) der Menschen, die sie töteten. Ist es nicht unfaßlich, daß man, wenn man weiß, daß eine große Anzahl (Ägypter) im Strome ertrank, viele auf den Bergen umkamen, viele gefangen genommen, viele Jungfrauen geschändet und Kirchen teils eingeäschert, teils geplündert wurden, daß unseren ... Brüdern schweres Leid geschah, daß man (trotzdem) selbst in diesen Zeiten nicht aufhörte ... zu stehlen und böse Werke gegen das Gesetz zu tun? ...

2. Bericht

Wenn wir dich anrufen, allmächtiger Gott: »Gib uns nicht in die Hände dieses Blut vergießenden Volkes«, so benehmen wir uns wie ein Lästerer, wir Menschen, die wir uns selbst der Unsittlichkeit hingegeben und mit allerlei Schmutz zu schaffen gemacht haben. Wir füllten die Gaue, die Städte, Dörfer und Wege, schrien aus Furcht vor den Barbaren und riefen: »Wehe, wehe!« – manche: »Oh, meine Kinder!«, andere: »Oh, meine Eltern und meine Brüder!« Wo aber ist der Vater, wo die Mutter, wo ist der Bruder, wo der Mensch, der weint und jammert, weil seine Tochter hurte und sein Sohn und sein Bruder gottlos wurden? Wenn einige tatsächlich betrübt sind, weil ihre Kinder oder ihre Brüder gesündigt haben, so sind sie wahrhaftig aller Ehren wert . . .

3. und 4. Bericht

Ich fahre wiederum fort, Gott den Herrn zu preisen und ihm zu danken für all seine Güter, die er uns schenkte, und zwar für die vielen Menschen, die bei uns (im Klostergelände) Zuflucht suchten ebenso wie im Torgebäude der Mönchsgemeinschaften und in ihrer ganzen Umgebung, mit ihren Frauen und Kindern, so daß es etwa 20 000 Leute waren oder mehr. Alle Brüder, ausgenommen die Schwachen, dienten ihnen drei Monate lang mit dem, was wir durch seinen (Gottes) Segen besaßen; und unter dem, worum sie baten, war kein bißchen, was man ihnen nicht hätte geben können. Sieben Ärzte behandelten die Kranken unter ihnen sowie jene, die von Pfeilschüssen getroffen oder von Speeren verwundet worden waren. Wir gaben ihnen (auch) Geld: ihre Zahlung betrug 50 000 Kupferdrachmen. 50 (Männer?) und 44 (Frauen?) Menschen starben (während ihrer Zuflucht in unserem Kloster). Wir begruben sie auf unserem Friedhof, denn sie waren Christen. 52 (Kinder) wurden (in dieser Zeit) geboren, und wir ließen ihren Müttern zukommen, was sie brauchten: einmal 25 000 Kupferdrachmen wöchentlich für gekochtes Gemüse, einmal 30 000 (Drachmen), abgesehen von dem Gemüse, das wir (selbst gebaut) haben . . . Wir brauchten 150 Flaschen Öl an jedem Tage, und wenn es Linsen gab, einmal 17 Artaben*, ungerechnet das, was für uns (selbst) zubereitet wurde.

Von hier an ist das folgende einer arabischen Schenûtebiographie entnommen, die inhaltlich gleich berichtet, aber besser erhalten ist.

So buken vier Backöfen (soundsoviel) Brot, an einem Tage 18mal, an einem anderen 19mal, an einem anderen 20mal, an einem anderen 16mal. Er (Schenûte) erlaubte den Brüdern nicht, etwas davon zu essen, damit die Leute genug hätten. Abgesehen davon versorgten wir die große Anzahl Tiere, nämlich Kamele, Rinder, Pferde, Esel, Hammel und Ziegen, um der Barmherzigkeit des Herrn willen.
Wir beteten zu Gott, er möge den Brunnen segnen, auf daß er nicht versiege. Und so nahmen wir diese Sorge auf uns und ernährten alle diese Leute, nämlich die von den barbarischen Bega gefangen genommen waren, abgesehen von dem Aufwand für das Tor (den Gästebau) und die Gäste, die uns an allen Opfertagen besuchten, und für die, die bei uns einkehrten, damit wir ihnen das Abendmahl reichten und ihnen schenkten: Gold- und Silbermünzen, Kleider, Schuhwerk, Decken, Stoffe, Leichentücher, Schafe, Brot, Gerste, Körner, Gewürze, Essig, Wein, Eier, Käse, Tauben, Mehl, gute Rosinen, Trauben, Früchte, (kurz) allen Bedarf, den die Kranken hatten. Was er (Schenûte) für sie ausgab, belief sich zusammen auf 265 000 Drachmen,

---

* Hohlmaß für trockene Waren, also wohl Oliven, 1 Artabe ungefähr 30 l.

nicht gerechnet das Getreide, 8500 Artaben und darüber. Was die Menge des Öls anbelangt, das für sie verbraucht wurde, so waren es 200 Talente, dazu kam das Gemüse und die Rettiche, ja, ich kann gar nicht alles aufzählen. Sie blieben 3 Monate bei uns. Wir versahen sie dann noch mit Lebensmitteln und schickten sie nach Hause zurück. Sie dankten Gott und meinem Vater Apa Schenûte.

Ende des arabischen Berichtes, es folgt wieder Schenûtes Bericht selbst.

Außerdem kauften wir in denselben Jahren 100 Kriegsgefangene los, und (wir sorgten so für sie), daß ihnen nichts fehlte – jeden für 400000 Kupferdrachmen (abgesehen von dem Geld, das wir für Kleider, Verpflegung und Fährgeld aufwandten), (und wir kümmerten uns um sie), bis man sie nach Hause brachte. Und wirklich, nichts fehlte ihnen, wie wir oben gesagt haben, vielmehr fügte er (Gott?) noch eine Dreingabe hinzu. Und wie würde (uns) nicht Tadel, Zorn und Fluch treffen, wenn (dafür) die, die an diesen Stätten (dem Kloster) wohnen, die Mönche, hätten Mangel leiden müssen an ihrem leiblichen Bedarf. Denn sie vernachlässigten doch schon ihre Seelen in jenen Tagen (wegen der starken Forderung durch die Gäste). Aber haben wir eigentlich alle diese Dinge zu unserer Verfügung? Wenn ja, so lügen wir, wenn wir sagen: »Wir nahmen unser Kreuz auf uns und folgten dem Herrn nach.« Woher aber oder durch wen ist uns dies alles zuteil geworden? Oder auf welchem Felde haben wir geerntet, oder bei welchem Geschäfte gewonnen? Wir leben (doch) von dem Werke unserer Hände, oder besser: von dem Segen des gesegneten Herrn des Gottes des Alls.

Die Gläubigen wunderten sich (schlicht), indem sie von seinem heiligen Orte redeten und ihn priesen. Denn sie wissen, daß alle Güter sein sind. Die Ungläubigen und die Heiden aber wurden verunsichert und sagten von uns: »Wo haben diese Leute all die Dinge her?« Denn sie wissen

ja nicht, daß Gott, der fünf Gerstenbrote und sieben Brote segnete, so daß all diese 5000 (bzw. 4000; Joh. 6, 9–13, Matth. 15, 34–37, Mark. 8, 5–9) essen konnten und satt wurden und man davon noch 5 (bzw. 7) Körbe füllte – daß Gott auch jetzt alles segnet, was dem gehört, der daran glaubt, daß er (Gott) alles tun kann, was er will.
Oder ist das, was uns gehört, nicht mehr als das der Witwe von Sarepta? (1. Kön. 17, 7ff.). Was war in diesen kleinen Gefäßen? Wozu kam all das Mehl oder das Öl? Doch wohl damit jener Prophet, der aller Stärkung durch Gott wert ist, mit der Witwe und ihren Kindern drei Jahre und sechs Monate lang ohne Unterbrechung davon leben sollte .
Da wird nun wieder ein anderer sagen können: »Was, war denn nicht ein Schatz an jener Stelle (vergraben)? Ein großes Gefäß, ein kleiner Behälter, ein kleiner Wassereimer« (etwa)?
Ebenso steht es mit jener, deren Kinder der Gläubiger nahm. Woher kam all dies (ihr) Öl in dies (ihr) kleines Gefäß, bis sie all die (anderen) Gefäße damit gefüllt hatte? (2. Kön. 4, 1–7).
Ebenso hat er den Menschen geboten, von den zehn Gerstenbroten zu essen (2. Kön. 4, 42–44: »20«); und sie ließen davon noch zurück, wie man gesagt hat: »Sie werden essen und übriglassen.«
Denn der Herr sagte es (uns) und machte uns würdig, daß diese so großen Güter uns zuteil würden und wir sie vollbrachten im zweiten Jahr weniger einen Monat, nachdem wir dieses Haus gebaut hatten. Der, der sich bemüht, denkt darüber so und überlegt es sich so: Durch den Frevelmut der Egoosch (Beduinen) entstand Bedrängnis in Keme (Ägypten), doch durch die Gerechtigkeit derer, die auf Jesus hoffen, wird Freude und Frieden im Himmel werden. Auf Grund der Blindheit der Egoosch wurden dem Beliar, dem Fürsten der bösen Geister (der Dämonen), Spenden dargebracht durch deren Mordlust. Aber

durch den frommen Sinn der Knechte des Christus werden sie zu Spenden von Mitleid und Geschenken werden, denn ihm gehören die Menschen, ihm das Kupfer und das Gold und alle Dinge. Sie preisen ihn, bitten ihn, danken ihm für all seine Güter, leibliche wie geistliche, damit er ihren Besitz segne und ihr Herz wie ihre Seele mit allem Sinn für Gerechtigkeit erfülle, indem sie erkennen, daß sie alles von dem empfingen, dem alles gehört bis auf den letzten Obolus.

Wenn ich aufhören darf, über diesen großen Frevel zu sprechen, so bin ich versucht zu sagen: »Selig sind die Menschen, aus deren Gebeinen und deren Fleisch Gott Krankheit, Fieber und Glut nehmen wird. Aber wehe denen, in deren Knochen und Fleisch er sie anzünden und anbrennen und nicht löschen wird.« Allein, man baut das Haus Gottes des Herrn nicht deshalb, damit wir untersuchen, ob es richtig oder schön sei, sondern damit wir uns in ihm untersuchen, wie wir sind, bevor wir (heim)gehen ...

Rechts: Puppe aus Knochen, Volkskunst; heute in Tübingen.
Links: Holzpuppe, Volkskunst; heute in Tübingen.

EINE PREDIGT SCHENÛTES

Die folgende Predigt ist an Mönche gerichtet, die offensichtlich unter Anpöbelungen litten und die durch Hinweis auf die Leiden Christi, der Propheten, der Apostel und der Märtyrer, in deren Kette sich die Mönche als fortsetzendes Glied verstanden, zum Durchhalten, ja zur Leidensfreude ermuntert werden sollten.

Die Publikation des koptischen Textes ist besorgt von Johannes Leipoldt, Schenute von Atripe, Texte und Untersuchungen NF 10, Leipzig 1903, S. 196 ff.

Wenn man Jesus verleumdete, gemäß dem Spruche: »Die Feinde des Herrn verleumdeten ihn« (Ps 41, 6; 71, 10), wie sollte man nicht auch dich um seinetwillen verleumden? Wenn man Beleidigungen gegen ihn ausstieß, gemäß dem Spruche: »Sie kamen heraus voller List und bedachten sich; sie redeten voller Bosheit und stießen eine Beleidigung aus; sie erhoben ihren Mund gegen den Himmel, und ihre Zunge stieg von der Erde auf«, ja, wenn sie den, der sie erschuf, sogar schmähten, gemäß dem Spruche: »Sie schmähten Gott«, wie sollten sie nicht auch dich schmähen?

Wenn man Jesus, der doch die Menschen von ihren Irrlehren befreit, eine Irrlehre andichtete, gemäß dem, was die Hohenpriester sagten: »Wir erinnern uns daran, daß dieser Irrlehrer sprach, als er noch lebte: ›Ich werde nach drei Tagen auferstehen‹« (Mt 27, 63), wie sollte man nicht auch dich Irrlehrer nennen? Wenn man weiter falsche Zeugnisse gegen ihn ablegte, wie geschrieben steht: »Viele legten gegen ihn ein falsches Zeugnis ab« (Mt 26, 60; Mk 14, 56), wie sollte man nicht auch dir Schandworte anhängen?

So auch steht es mit all seinen Heiligen. Denn Joseph

wurde verleumdet im Hause des Ägypters, bis er in Not kam. Doch Gott verließ ihn nicht. Susanne wurde verleumdet. Und durch wen? Durch die greisen, mit der Rechtsprechung betrauten Ältesten. Aber Gott überhörte das Flehen ihres Gebetes nicht. Der Apostel Stephanos wurde verleumdet, gesteinigt und getötet. Aber als er aufblickte gen Himmel, sah er die Herrlichkeit Gottes, und der Herr, Jesus, stand zur Rechten Gottes (Apg 7, 55). Und vor allem: Wie steht er jetzt von Herrlichkeit umgeben bei Jesus, um dessen Namen willen er getötet ward!
Es ist kein Wunder, daß man dir böse Worte gibt, das ist nichts Neues. Du bist noch nicht mit Folterqualen und mit Schlägen versucht worden so wie die Apostel, die man halbtot schlug, fortschleppte und aus der Stadt jagte. Du bist noch nicht in die Gefängnisse geworfen worden wie jene. Zuletzt schließlich tötete man sie, von dem gerechten Abel an bis zu Zacharias, dem Sohne des Barachias, und bis zu den Märtyrern, die ihr Blut vergossen. Und man sprach nicht nur Böses gegen alle Heiligen, verspottete und verleumdete sie, wie wir aus den Schriften ersehen, sondern die meisten von ihnen tötete man sogar. Mit anderen Worten: Sind sie nicht Knechte, die wegen des Namens ihres Herrn verspottet wurden? Ist es nicht ihr Herr, Jesus, der wegen des Heiles seiner Knechte verspottet ward?
Du liest es, du hörst es. Deine Tränen rollen über deine Wangen wegen alles dessen, was die Leute gegen ihn sagten, jene, deren Augen und Herz durch Bosheit verblendet war. Denn sie fesselten ihn deinetwegen wie einen Räuber, damit du, wenn man dich eines Tages seinetwegen fesselt, nicht dagegen aufbegehrst. Sie verspotteten ihn, sie spien Speichel in sein Angesicht, sie deckten sein Antlitz zu, sie schlugen ihn, sie verlachten ihn, sie prügelten ihn, sie schlugen ihn mit dem Rohrstock auf das Haupt, sie gaben ihm Ohrfeigen, sie ließen ihn Essig trinken, als er durstig

war, sie setzten ihm eine Dornenkrone auf, sie nagelten seine Füße und seine Hände an das Holz, sie verspotteten ihn am Kreuze, damit er an ihm sterbe und wir an ihn glauben. Nach all diesen ihren Gottlosigkeiten, die sie gegen ihn aussprachen oder ihm antaten, durchbohrten sie noch seine Seite mit einer Lanze.

Wäre es ihm nicht eine Kleinigkeit gewesen, die Erde zu spalten, auf daß sie jene böse Rotte verschlungen hätte, die ihn wie ein Rudel Hunde umgab? Aber er, er achtet lieber auf das Göttliche, das durch die Wolke derer, die an ihn glauben, Fortschritte macht. Wenn du nun unter die Worte derer fällst, die seinetwegen in ihrem Herzen Böses gegen dich ersannen, indem sie ihre Zungen wie Schwerter schärften – aber auch Schlangengift ist hinter ihren Lippen, wie geschrieben steht (Jak. 3, 8) – so sollst auch du dich nicht an jenen rächen, die dir Böses antun, und sollst auch nicht darum beten. Vielmehr sollst du danach trachten, die Gerechtigkeit und fortschreitendes Wachsen (des Glaubens) zu mehren sowie die Herrlichkeit des Herrn, die umhergeht und sich erhebt und die sich auf der ganzen Erde ausbreitet durch die Wolke des Duftes der guten Werke, die besser riechen als irgendein Gewürz.

Jesus wird die zur Rechenschaft ziehen, die ihn gelästert haben ... Er wird auch alle die zur Rechenschaft ziehen, die jenen Böses tun, welche ihre Sorge in allen Stücken auf ihn werfen. Denn er spricht: »Siehe, der Herr kommt mit seinen Zehntausenden heiliger Engel, damit er über alle eine Prüfung verhänge und alle Seelen richte wegen dessen, worin sie sich vergingen, und wegen all der frechen Worte, die die gottlosen Sünder wider ihn sprachen (Jud. 14 f.) ...

Ein Haus, das auf Sand gebaut ist, wird nicht standhalten, wenn starke Winde dagegen anstürmen. Wer nicht darauf und auf alle ähnlichen Aussagen in den Schriften achtet, wird Ärgernis nehmen, sobald Unglück oder Verfolgung

über ihn hereinbrechen und wird vielleicht nicht um die Verleumdung herumkommen. Oder ist es etwa nicht Verleumdung, Lüge statt Wahrheit zu sprechen, nur aus Heuchelei oder wegen des Ruhmes vor den Menschen? Was aber ist herrlicher, als Jesus zu bekennen?
Selbst wenn man dir die Augen ausreißt – wirst du dich nicht bei der Auferstehung wieder mit deinen Augen erheben? Laß es dir genügen, daß man dich vor den Engeln Gottes anerkennt. Weshalb scheust du dich, wahre Dinge zu bekennen, die dir offenbar sind, da doch deine (eigene) Schrift (Bibel) bezeugt, daß sie aus ihr stammen? Auch wenn man dir den Kopf abschlägt, wirst du wieder mit ihm auferstehen, ohne daß dir auch nur der kleine Finger deiner Hand oder die kleine Zehe deines Fußes fehlt. Du wirst auferstehen als geistlicher Leib (1. Kor. 15, 44).
Wenn du der Not und des Herzeleids gedenkst, das dir böse Menschen angetan haben, so denke an das Wort des Apostels: »Die Leiden der jetzigen Zeit bedeuten nichts im Vergleich zu der Herrlichkeit, die uns offenbar werden soll« (Röm. 8, 18).
Laß dir genügen, daß du alle die vor Augen hast, die um Gottes willen verspottet und getötet worden sind, besonders die sündlosen Apostel und die Propheten und noch mehr jenen heiligen Johannes, dessen Haupt Herodes abschlagen ließ, nachdem er ihn ins Gefängnis geworfen hatte, nur weil ein Schandweib und ihre Tochter es so haben wollten.
Ebenso auch Micha, der von dem falschen Propheten auf seinen Backen geschlagen wurde, gemäß dem Befehle eines gottlosen Königs (über den dann sogleich das Verderben kam), so daß man den Micha kosten ließ das Brot der Trübsal der Propheten und trinken ließ das Wasser der Trübsal (1. Kg. 22, 24 ff.). Denn er hatte ihm (dem König) die Wahrheit gesagt. – Auch Jeremias, der in eine schlammige Zisterne geworfen wurde (Jer. 38, 6) von einem Kö-

nig, den Gott wegen seiner zahllosen Gottlosigkeiten verlassen hatte. Denn er (der König) traute den Lügenworten der falschen Propheten, während er die wahrhaftigen Worte des heiligen Propheten (Jeremias) verschmähte. So übergab denn der Herr Jerusalem (den Feinden) und zerstörte es seinetwegen (des Königs wegen), indem er ihn und sein Volk, das in der Stadt lebte, in die Hände ihrer Feinde übergab. Diese durchbohrten seine Kinder in seiner Gegenwart und stachen ihm die Augen aus (Jer. 52, 10–11).

Bitte du Jesus, den Herrn der Herrlichkeit, daß du nicht dem Bösen verfallest, so daß du nicht in die Fänge (?) derer gerätst, denen du zum Feind geworden bist, weil du wahrhaftige Worte gesprochen und vollkommene, gerechte Werke getan hast.

Täubchen mit Kreuz. Wandzeichnung einer Einsiedlerzelle in Esna.

ANHANG

Holzrelief des thronenden Moses. 7. Jhdt.; heute im Kestner-Museum, Hannover.

ZU DEN VÄTERN

Hinter den Namen steht in Klammern die Nummer der hier in den Texten gesammelten Apophthegmata. Weniger bekannte und kaum mit Sicherheit zu identifizierende Väter sind nicht aufgeführt.

Ammonas: Schüler und Nachfolger des Antonius, lebte 14 Jahre in der Sketis und wurde dann Bischof. Seine Briefe sind für die Mystik des frühen Mönchtums von Bedeutung. (7, 26).

Antonius: Vgl. dazu hier S. X–X. (1–8, 39, 52).

Epiphanios: Bischof von Zypern (Salamis), 315–403, strenger Asket in der ägyptischen Wüste, gründete später in Palästina ein Kloster, dem er 30 Jahre vorstand. Heftiger Gegner der Bilderverehrung, rasch zur Verketzerung bereit, Gegner des Origenes, des Chrysostomus und des Johannes (Patriarchen von Jerusalem). Selbst dem Athanasios war er zu hart. (38).

Euprepios: Stark in der griechischen Philosophie verwurzelt, oft mehr Stoiker und Kyniker als Christ. (35).

Gelasios: Lebte um die Mitte des 5. Jhs. in Palästina, zunächst als Eremit, gründete später ein Kloster und hatte ähnliches Ansehen wie Pachom. (54).

Hilarion: Begründer der eremitischen Lebensweise in Palästina, 291 in der Gegend von Gaza geboren, pilgerte zu Antonius, um von ihm das engelgleiche Leben zu erlernen, lebte nach seiner Rückkehr über 50 Jahre bei Gaza in einer engen Zelle (etwa 307–362/3), die zum Zentrum einer Eremitenkolonie wurde. Die letzte Lebensphase verbrachte er als Wanderasket (Ägypten, Sizilien, Dalmatien, Zypern). Wenige Jahre nach seinem Tode (371) wurden in allen Teilen Palästinas Eremitagen und Klöster gegründet. Sein Leben wurde von Hieronymus beschrieben. (38).

Isaak: Schüler von Kronios und Theodor von Pherme; lebte nach Pambo, war Priester in den Kellia, an die 30 Jahre Eremit, dann Klostervorsteher einer Mönchsgemeinschaft, die Wanderer beherbergte. (15, 36).

Isaias: Schüler des Makarios, lebte um 400 in der Sketis, hinterließ Briefe und Katechesen. (13).

Isidor von Pelusium: 370–440, in Alexandria geboren, bekannt durch seine mehrere Tausend Briefe von hohem kulturgeschichtlichem und theologiegeschichtlichem Wert; ein geistsprühender und charakterstarker Mann. (11, 33).

Johannes Kolobos: D. i. Johannes der Kleine, gestorben vor 450, war einer der bedeutendsten Wüstenväter. Zunächst Schüler des Apa Ammoes, den er 12 Jahre gepflegt hat, später Haupt einer großen Mönchsgemeinde, zu der auch Arsenios der Große zählte, der von Papst Damasus I. geweihte Diakon, den Kaiser Theodosius 383 zur Erziehung seiner Söhne nach Konstantinopel berufen haben soll. (22, 43, 50, 56).

Makarios: Gestorben 390, einer der größten Väter der Wüste. Er war verheiratet, von Beruf Kameltreiber. Nachdem er mit 30 Jahren seine Eltern und seine Frau verloren hatte, trat er sein Eremitenleben an, das noch 60 Jahre währte, und wurde zum großen Organisator des Mönchtums in der Sketis. Schon früh Diakon, wurde er 340 Priester, traf mehrmals mit Antonius zusammen und begegnete auch dem Apa Pambo. (13, 14, 19, 21, 34, 37, 56).

Moses: Ein durch seine Demut besonders hervorragender Mönch mit ungewöhnlichem Schicksal. Er war Äthiopier, ein Sklave, wurde wegen eines Diebstahls von seinem Herrn verjagt und schloß sich einer Räuberbande an, die er bald als Hauptmann führte. Nach seiner Bekehrung war er Schüler des Priesters Isidoros, hochgeachtet, hatte aber zeitlebens mit schweren Versuchungen zu kämpfen. Seine (schwarze) Hautfarbe trug ihm manche Diskriminierung ein, die er beherrscht ertrug. Bei der Verwüstung der Sketis (nach 410) wurde er mit 75 Jahren ermordet. (20).

Onnophrios: Lebte im 4. Jh. zunächst in einem Kloster bei Eschmunên in Mittelägypten, danach 60 Jahre in der Sketis allein und in strengster Askese, nur mit einem Blättergürtel bekleidet; galt als besonders heilig und erlangte hohes Ansehen. (60).

Pambo: Schüler des Antonius und des Ammun in Nitria, war einer der bedeutendsten Väter; wurde Priester und von Athanasios nach Alexandria gerufen, wahrscheinlich, um dort gegen die Arianer zu predigen. Er tat sich vor allem durch Schweigen und äußerste Armut hervor. 390 starb er im Alter von 70 Jahren. (15).

Paphnute: Vom Vorbild des Antonius angezogen, lebte er zwar zunächst in einem Kloster, später jedoch als Anachoret in der Sketis. 390 wurde er als Nachfolger des großen Makarios »Vater der Sketis«. Manche Merkmale werden ihm zugeschrieben, die einem anderen der Träger seines Namens zukommen dürften. An Schrifttum werden ihm u. a. eine Geschichte der Mönche zugeschrieben. (44, 59).

Poimen: Einer der verehrtesten Wüstenväter, kannte noch Antonius und war Zeitgenosse des Makarios und des Arsenios. Nach der Verwüstung der Sketis zog er sich in einen verlassenen Tempel zurück und hauste dort bis 450. Nach der Legende ist er im Alter von 110 Jahren gestorben. (4, 16, 17, 23, 24, 31, 32, 46, 57, 58).

Serapion: Zeitgenosse von Isidoros und Kronios, lebte in Arsinoë, nördlich von Herakleopolis Magna in Mittelägypten, war Priester und Vater vieler Schüler. (18).

Theodor von Pherme: War Apa in der Sketis, die er nach

dem Einfall der Barbaren verließ und mit »Pherme« vertauschte. Welches Pherme in den Schriften gemeint ist, bleibt unsicher, es kann zu dieser frühen Zeit kaum Pharan auf der Insel Sinai gewesen sein, eher der gleichnamige Ort bei Jerusalem oder (wahrscheinlicher) ein wilder Berg in der Sketis (nach Palladius). Theodor lebte gleichzeitig mit Arsenios dem Großen. (42).

Theodora: Eine der wenigen namentlich überlieferten Einsiedlerinnen, lebte zur Zeit des Theophilos, Patriarchen von Alexandria. (25).

Theophilos: Erzbischof von Alexandria, 385–412, Vorgänger seines Neffen Kyrillos, ein fanatischer und gewalttätiger Eiferer, zunächst Anhänger des Origenes, ab 400 dessen Gegner und rücksichtslos gegen alle, die sich seiner Meinung widersetzten. Er verfolgte wie Epiphanios den hl. Chrysostomus mit Haß. 391 entfesselte er den Sturm auf das Serapeion von Alexandria und ließ die Heiden seine ganze brutale Härte spüren. An Schrifttum hinterließ er Predigten und eine Sammlung der Wunder des hl. Menas. (11).

Zacharias: Lebte zur Zeit der Väter Moses und Poimen, wurde als besonders geistbegabt verehrt, gehörte dem Kreis des Makarios an, war nach 440 Schüler des Karion und des Silvanos. (20, 21).

Zenon: Es ist nicht sicher, ob es sich bei diesem Namen um einen einzigen oder um zwei Einsiedler handelt. Ein Zenon war Schüler des Apa Silvanos, lebte (im 4. Jh.) in der Sketis, unternahm aber eine Reise nach Palästina. Von einem gleichnamigen syrischen Eremiten, der in Antiochien lebte (350–419) weiß man, daß er Schüler des Basileios war (zuvor Offizier am kaiserlichen Hof) und 40 Jahre als Eremit in einer Grabhöhle bei Antiochien lebte, von nichts weiter als Wasser und Brot und mit mehreren Büchern. Ob dieser hochverehrte Mann mit dem ersten identisch ist, bleibt offen. (55).

WORTERKLÄRUNGEN

Amenemope (altägypt.): Verfasser einer individualethisch bestimmten Lebenslehre, ca. 1100 v. Chr.

Amma (kopt.): Der dem Apa (s. d.) entsprechende feminine Titel

Anachoret oder Eremit (gr.): »Zurückgezogen« bzw. als »Wüstenmann« einsiedlerisch lebender »Mönch« (monachos)

Anch (ägypt.) ☥: Henkelkreuz (crux ansata); Hieroglyphe für »Leben«, die die Kopten als Zeichen für das Kreuz Christi übernahmen und die das Kreuz als christl. Symbol begünstigt hat

Apa (kopt.), Abbas (gr.): »Vater«; Ehrentitel für Märtyrer und Heilige sowie andere religiös Ehrwürdige, besonders in Ägypten

Apokalyptik (gr.): Vorstellung von den endzeitlichen Ereignissen und die Lehre davon (Eschatologie) – Apokalypse = Enthüllung

Apokryphen (gr.): Außerkanonische bibelverwandte Schriften, deren bedeutendste sind: Ägypterevangelium, Thomasevangelium, Evangelien des Petrus, des Judas; Thomas-Akten, Akten des Paulus, des Paulus und der Thekla; Briefwechsel zwischen Jesus und Abgar von Edessa; Petrusapokalypse; 5. Buch Esra; Himmelfahrt des Jesaja

Apophthégmata (gr.), sing. Apóphthegma: »Aussprüche«, »Worte«; Apophthegmata Patrum Aegyptiorum heißen die koptisch, griechisch (Alphabetikon, Gerontikon) und lateinisch überlieferten Sammlungen der Aussprüche der »Wüstenväter« und Kurzgeschichten, vor allem aus der Sketis des 4. und 5. Jhs.

Archimandrit (gr.): Bezeichnung für Abt seit dem 5. Jh.

Arianismus: Lehrt, daß Christus nicht selbst Gott, sondern von ihm erschaffen sei
Askese (gr.): Religiöse Übung der Enthaltsamkeit
Demotisch (von demos, gr. = Volk): Kursivschrift, die, aus dem Hieratischen (Hieroglyphenkursive) entwikkelt, z. Z. der Perser, Griechen und Römer (525 v. Chr. bis 300 n. Chr.) in Gebrauch war. – Auf die Sprache bezogen, bezeichnet Demotisch die Phase vor dem Koptischen
Dêr (Deir) (arab.): Kloster
Dyophysiten (gr.): Anhänger der (christl.) Zweinaturenlehre
Enkratiten (gr.): Ein etwa 200 n. Chr. zur schismatischen Gruppe vereinter aketischer Kreis, der auf eine Bewegung im vorchristlichen Judentum zurückgeht und Fleisch- und Weingenuß und die mit dem Sündenfall vom Teufel in das Paradies gebrachte Ehe verwirft
Eucharistie (gr.): »Danksagung« beim Abendmahl, auch für dieses selbst gebraucht
Gnosis (gr. = Erkenntnis): Intellektueller Heilsweg des Hellenismus der Spätantike durch Erkenntnis (kosmischer Geheimnisse) Gottes und seines Heilsplans. Die in den ersten Jahrhunderten n. Chr. auftretenden Gnostiker mischen jüdische u. christliche Vorstellungen mit griechisch-orientalischen Mysterienreligionen zu einer in Allegorien und Symbolen dargestellten mystischen Metaphysik und bilden eine in verschiedene Vollkommenheitsgrade gegliederte Gemeinde mit einem den Erlösungsprozeß versinnbildlichenden Kultus. – In Alexandria lebende Gnostiker: Basilides und Valentin. Das bedeutendste Werk, die »Pistis Sophia«, ist in kopt. Sprache erhalten. Reiche gnostische Bibliothek in Nag Hammadi (Chenoboskion) in Oberägypten gefunden. Vgl. Manichäismus!
Hagiographie (gr.): Lebensbeschreibung heiliger Perso-

nen, in der Alten Kirche meist für erbauliche und liturgische Zwecke geschrieben

Kasr (arab.): »Festung«, »Burg«. In koptischen Wüstenklöstern Wohnturm (vgl. Bergfried!) inmitten der Anlage zum Schutz bei Überfällen; nur durch eine Zugbrücke erreichbar

Katechese: Mündliche Unterweisung des christlichen Glaubens (»Religionsunterricht«)

Katechetenschule in Alexandria: Eine frühchristliche theologische Hochschule, die vom Ende des 2. bis ins 4. Jh. bestand. Ihre berühmtesten Leiter waren Clemens Alexandrinus und Origenes, später unterstand sie zumeist den Kirchenführern.

Kellia (gr.): Plural von Kellion, Wüstengebiet mit Eremitenkolonien, etwa 60 km nördlich des Wâdi Natrûn am Rande der Wüste auf der »Route« zur Sketis gelegen; vgl. auch Nitria und Sketis.

Kellion (gr.): Mönchs-»Zelle«

Koinobion (gr.): (Von Pachom begründete) Form des »gemeinschaftlichen Lebens« (koinós bios) unter der Führung eines Oberen

Kopten (von gr. »Aigyptos«): Bezeichnung der (christlichen) Ägypter, heute religiöse Minderheit. »Koptische Kirche« seit Bildung der Nationalkirche (451)

Über das Verhältnis der koptischen Kirche zu den übrigen christlichen Kirchen herrscht weitgehend Unkenntnis. Oft wird sie mit der »Ostkirche« in einem Atem genannt. Man bezeichnet damit unterschiedlos alle nichtrömischen Kirchen des Ostens oder auch nur die »orthodoxen« Kirchen, die der byzantinischen Tradition folgen, und klammert damit die Existenz der koptischen Kirche unabsichtlich aus.

Die der byzantinischen Tradition folgenden »orthodoxen« Kirchen kennzeichnen sich selber als jene, die die sieben ökumenischen Konzile anerkennen. Anders die altorientalischen Nationalkirchen, zu denen die koptische gehört. Sie erkennen nur (zwei bzw.) drei ökumenische Konzile an und werden entsprechend als (»Nestorianer« bzw.) »Monophysiten« rubriziert. In Lehre, Liturgie und Leben folgen diese weder den westlichen noch den byzantinischen, sie haben vielmehr, wie in dieser Schrift dargelegt, ihre eigenen Traditionen.

Koptisch: Spätstufe der ägyptischen Sprache, die mit griechischen Majuskeln plus 7 Zusatzzeichen aus dem Demotischen geschrieben wird. Seit dem 3. Jh. Literatursprache. Dialekte: Saïdisch (oberägyptisch), Achmimisch (mittelägyptisch) und Subachimisch (Ketzerdialekt), Faijumisch (im Faijûm), Bohairisch (unterägyptisch).

Das Koptische ist ägyptologisch von einzigartigem Wert, weil es, im Unterschied zu den Hieroglyphen, Vokale schreibt und daher eine unentbehrliche Grundlage zur Erforschung der altägyptischen Sprache darstellt.

Leviticus (lat.): Wissenschaftlich gebräuchlicher Name für das 3. Buch Moses mit vorwiegend kultischen Anordnungen

Liturgie (gr.): »Dienst«, in der römisch-katholischen und orthodoxen Kirche die streng geregelte Ordnung des Gottesdienstes

Manichäismus: Die von dem Perser Mani (216–276) gestiftete Religion, die einen gnostischen Dualismus (Licht und Finsternis) mit orientalischen und christl. Elementen verband. Forderung strenger Askese. – Manichäische Bibliothek in Medînet Mâdi (Faijûm) in koptischer Sprache gefunden. Vgl. Gnosis!

Märtyrer (gr.): Blut-»Zeuge« des Glaubens

Melitianer: Anhänger des Melitius, Bischofs von Lykopolis (= Assiût) von Oberägypten, der während der diokletianischen Verfolgung verwaiste Diözesen in Unterägypten widerrechtlich beaufsichtigte und sich nach seiner Deportation an die »Kirche der Märtyrer« anschloß und einen Mönchsorden gründete, der sich bis ins 8. Jh. gehalten hat

Metropolit (gr.): Erzbischof, ursprünglich der Bischof einer römischen Provinzhauptstadt

Monophysiten (gr.): Anhänger der (christl.) Einnaturenlehre

Monotheletismus: Theologische Lehre, wonach es in Christus zwei Naturen, aber nur einen Willen und eine Wirkweise gibt

Nestorianer: Anhänger des Nestorius (nach 381–451), des Patriarchen von Konstantinopel (428–431), nach dessen Lehre Maria nur in dem Sinne Gottesmutter war, daß sie Jesus in seiner menschlichen Natur gebar. Jesus war für sie Träger und Tempel der Gottheit. Da diese Christologie den Muslimen am annehmbarsten erschien, hatte sie bedeutenden Einfluß auf den Islam, dem sie zugleich spätantikes Erbe vermittelte. Heute ist nestorian. Glaubensgut erhalten in nestorianisch-syrischer Nationalkirche und nestorianisch-katholischer Kirche.

Neuplatonismus: Die von Ammonios Sakkas eingeleitete, von Plotin begründete Erneuerung der Philosophie Platons im 3.–6. Jh. n. Chr., deren (stoisch, aristotelisch und neupythagoreisch durchsetzte) Theologie von christlichen Theologen und Philosophen teilweise übernommen und mit christl. Gehalt gefüllt wurde. Plotin: »Ich schäme mich, einen Körper zu haben.« – In Alexandria drang der Neuplatonismus durch Origenes in die Katechetenschule ein.

Nitria (gr.): Etwa 14 km südwestlich von Damanhûr gelegener unfruchtbarer Hügel im Delta, am Nordende der »Route« Sketis-Kellia (-Nitria), zur Zeit des Besuchs von Palladius (391) von 2000 Eremiten besiedelt

Orthodoxe Kirche: s. Kopten

Osiris, Isis, Typhon (Seth): Altägyptische Gottheiten eines noch zu Schenûtes Zeit äußerst populären Auferstehungsmythos

Ostkirche: s. Kopten

Parusie (gr.): Wiederkunft Christi am Ende der Zeiten

Patriarch (gr.): Titel der Bischöfe von Alexandria, Konstantinopel, Antiochia, Jerusalem und Rom. Später auch Ehrentitel für wenige ausgezeichnete Metropoliten der Ostkirche.

Ursprünglich führten nur jene Bischöfe den Titel eines Patriarchen, deren Bischofssitz eine Petrustradition nachweisen konnte, also Rom, Antiochia (die Hauptstadt Syriens, wo Petrus zuerst Bischof war) und Alexandria. Auf dem Konzil von Chalkedon (451) kamen Konstantinopel als Sitz des Apostels Andreas und Jerusalem mit dem Stuhl des Herrenbruders Jakobus hinzu. Neben vier Patriarchaten im Osten das römische im Westen. Im Streit um die richtige Christologie trennten sich Alexandria und Antiochia von den übrigen Reichskirchen.

Der koptische Patriarch führt seit alters auch den Titel »Papst«. Der volle Amtstitel des alexandrinischen Bischofs lautet: »Papst und Patriarch von Alexandrien und ganz Ägypten, unserer Gottesstadt Jerusalem, von Nubien, der Pentapolis und aller Länder der Predigt des heiligen Markus«. »Papst« hat demnach ursprünglich keinen Primatsanspruch, es gibt vielmehr den Papst von Rom sowie den von Alexandria.

Philo: Von Alexandria, lebte etwa von 25 v. Chr. bis 50 n. Chr., jüdischer Religionsphilosoph, der die jüdische Theologie mit der Logoslehre zu verbinden suchte

Presbyter (gr.): Im Urchristentum Gemeindeältester mit priesterlichen Funktionen

Sarapisdiener (gräzisiert ägypt.): Anhänger des von Ptolemaios I. (367/66–283/82 v. Chr.) in Alexandria begründeten Kultes des Osiris-Apis, der von Ägyptern und Griechen gleichermaßen anerkannt werden sollte. Zeus und Pluton sind in das Wesen des künstlich geschaffenen Mischgottes eingegangen, dessen Verehrung sich in der hellenistischen Welt weit verbreitete.

Sketis (gr.): Wüstengebiet in der Gegend des Wâdi Natrûn, seit Makarios bedeutendstes und einsamstes Siedlungsgebiet der Eremiten im 4. und 5. Jh.; vgl. auch Nitria und Kellia.

Thebaïs (gr.): Oberägyptisches Siedlungsgebiet der Einsiedler, im Norden über Assiût hinaus bis Dairût ausgreifend, im Süden bis zum 1. Katarakt bei Assuân, mit der Hauptstadt Theben; nach einigen Texten wird auch die Gegend der Antonius-Einsiedelei eingeschlossen.

Wâdi Natrûn (arab.): Wüstental mit Salzseen halbwegs zwischen Alexandria und Kairo mit vier noch heute bewohnten frühchristlichen Klöstern.

ÄGYPTISCHES CHRISTENTUM ZUR RÖMISCHEN KAISERZEIT

Römische Kaiser	Religionspolitik, besonders in Ägypten	Kirchenführer	Glaubenslehre und Kirche
98–117 Trajan	Babylon (Alt-Kairo) wird ausgebaut zum Schutz für Oberägypten	≈ 100–188 8 Kirchenführer	≈ 120 Christen in Ägypten nachgewiesen durch Papyrusfunde (Johannes und verwandtes Apokryphon)
117–138 Hadrian	Ausbau von Alexandrien; Ägyptenreise; Gründung von Antinoupolis, dort Heirat zwischen Griechen und Ägyptern offiziell erlaubt		
138–161 Antoninus Pius	Christen geduldet		144 Marcion (strebt Trennung vom AT an) von christlicher Gemeinde ausgeschlossen 156 Phrygier Montanus erneuert altchristliche Parusieerwartung

161–180 Mark Aurel	römische Legionen verbreiten orientalische Religionen	
180–192 Commodus	ein Jahrhundert der Wirren beginnt	190 wird Tertullian (160–220) Christ, 207 Montanist;
		190 wird Clemens Alex. (160–216) von Demetrius zum Leiter der Katechetenschule berufen, flieht 202 vor Christenverfolgung
193–211 Septimius Severus	heftige Christenverfolgung in Ägypten; Gefährdung der Katechetenschule	
	189–231 Demetrius I. Bischof von Alexandrien, setzt 3 Bischöfe ein, beruft Clemens und Origenes, setzt diesen aber 231 ab	203 Origenes (185–253) von Demetrius zum Leiter der Katechetenschule berufen; ab 203 Ammonios Sakkas († 241), Begründer des Neuplatonismus und Lehrer von Plotin (205 in Assiut / Oberägypten – 270), Lehrer an der Katechetenschule
Beginn der Soldatenkaiser		
	231–246 Herakles Bischof von Alexandrien	
	231 Dionysios der Große, Leiter der Katechetenschule	
		242 Mani (216–276) begründet in Persien Manichäismus (wirksam bis ins Mittelalter)
249–251 Decius	schwere Christenverfolgung in Ägypten	
	247–265 Bischof von Alexandrien,	

ÄGYPTISCHES CHRISTENTUM ZUR RÖMISCHEN KAISERZEIT

Römische Kaiser	Religionspolitik, besonders in Ägypten	Kirchenführer	Glaubenslehre und Kirche
			250 Hermopolis (in Mittelägypten) Bischofssitz
			250–356 *Antonius der Große*
253–260 Valerian	Christen verfolgt, zunächst nur verbannt	unter Valerian verbannt, missioniert er die Mareotis	
		265–282 Maximus Bischof von Alexandrien	
		282–300 Theonas Bischof von Alexandrien	
284–305 Diokletian	Ägypten wird der Diözese Oriens mit der Hauptstadt Antiochien in Syrien zugeschlagen. Grausame Christenverfolgung		288–348 *Pachom*
306–337 Konstantin der Große, seit 325 Alleinherrscher	330 wird Byzanz als »Konstantinopel« Hauptstadt Christen werden gleichberechtigt	300–311 Petrus I., der »letzte Märtyrer«, Bischof von Alexandrien	325 Konzil von Nicäa verdammt Lehre des Arius; Kirchendogma wird Reichsgesetz

340 röm. Doppelreich Constans (W) – 350, Constantius(O) – 361		312–328 Alexander I. Bischof von Alexandrien	
		328–373 *Athanasios* Metropolit	330–379 Basileios der Große 347–420 Hieronymus
361–363 Julian Apostata, neuplaton. Gegner d. Christentums		373–378 Peter II. und 378–384 Timotheus I., Bischöfe von Alexandrien	
364–378 Valens (Arianer)			
379–395 Theodosius I.	392 und 394 Edikte gegen heidnische Opfer; Christentum Staatsreligion	385–412 Theophilos Erzbischof von Alexandrien	381 Nicaenum wird auf Konzil zu Konstantinopel als nicaenisch-konstantinopolitanische Glaubenslehre bestätigt ≈ 391 zerstören Christen das Serapeum von Alexandria mit Bibliothek
395–408 Arcadius (oström. Kaiser)	395 Reichsteilung in West- und Ostrom (einschl. Ägypten)	412–444 Kyrill I. Patriarch von Alexandrien	415 Hypatia ermordet; 415 Synagogen in Alexandria in Kirchen verwandelt

ÄGYPTISCHES CHRISTENTUM ZUR RÖMISCHEN KAISERZEIT

Römische Kaiser	Religionspolitik, besonders in Ägypten	Kirchenführer	Glaubenslehre und Kirche
408–450 Theodosius II. (oström. Kaiser)		444–454 Dioskur I. Patriarch von Alexandrien	431 Konzil von Ephesus (Verurteilung des Nestorius) 451 Konzil von Chalkedon, Abspaltung der koptischen Kirche als Nationalkirche, Patriarch von Konstantinopel dem Papst (Leo I.) gleichgestellt 451 *Schenûte* gestorben 451 Nestorius im oberägyptischen Exil gestorben 451 Blemyer machen mit Nomaden Frieden, erhalten Recht zu feierlichen Isisprozessionen auf Philae
450–457 Markian			≈ 480–≈ 547 Benedikt von Nursia

BENUTZTE QUELLEN UND WEITERFÜHRENDE LITERATUR

Agpeya, das koptische Stundenbuch. Würzburg 1984.
Andresen, Carl, Die Kirchen der alten Christenheit. Die Religionen der Menschheit, Bd. 29, 1/2, Stuttgart u. a. 1971.
Bacht, Heinrich, Das Vermächtnis des Ursprungs. Studien zum frühen Mönchtum I, Würzburg 1972.
Baumeister, Theofried, Martyr invictus, Münster 1972.
Brunner, Hellmut, Altägyptische Weisheit. Lehren für das Leben. Zürich und München 1988, 2. Aufl. 1991.
Brunner-Traut, Emma, Altägyptische Literatur, in: Neues Handbuch der Literaturwissenschaft I, hrsg. von Wolfgang Röllig, Wiesbaden 1978, Spruchdichtung: Klagen und Lehren, S. 43–67.
Brunner-Traut, Emma, Weiterleben der ägyptischen Lebenslehren in den koptischen Apophthegmata am Beispiel des Schweigens, in: Studien zu altägyptischen Lebenslehren, hrsg. von Erik Hornung und Othmar Keel (Orbis Biblicus et Orientalis 28), Freiburg u. Göttingen 1979, S. 174–216.
Brunner-Traut, Emma und Helmut Brunner, Johanna Zick-Nissen, Osiris Kreuz Halbmond. Die drei Religionen Ägyptens. Mainz 1984.
Campenhausen, Hans Frhr. von, Die griech. Kirchenväter. Urbanbücher 14, Stuttgart[5] 1977.
Frank, K. Suso, Angelikos Bios, Begriffsanalytische u. begriffsgeschichtliche Untersuchung zum »Engelsgleichen Leben« im frühen Mönchtum, Münster 1964.
Frank, K. Suso (Hrsg.), Askese und Mönchtum in der Alten Kirche, Darmstadt 1975.
Heinz-Mohr, Gerd, Weisheit aus der Wüste. Köln 1985.

Kolta, Sabri Kamal, Christentum im Lande der Pharaonen. München 1985.
Die koptische Liturgie des hl. Basilios und des hl. Gregorios mit Abend- und Morgenweihrauch. Köln 1990.
Meinardus, Otto F. A., Christian Egypt, Ancient and Modern, Kairo 1965.
Meinardus, Otto F. A., Die Wüstenväter des 20. Jahrhunderts. Würzburg 1983.
Müller, C. Detlef G., Grundzüge des christlich-islamischen Ägypten von der Ptolemäerzeit bis zur Gegenwart, Darmstadt 1969.
Murad Kamil, Aspects de l'Égypte Copte, Berlin 1965.
Nagel, Peter (Hrsg.), Probleme der koptischen Literatur, Halle-Wittenberg 1968.
Ruppert, Fidelis, Das pachomianische Mönchtum und die Anfänge klösterlichen Gehorsams, Münsterschwarzacher Studien, Bd. 20, Münsterschwarzach 1971.
Verghese, Paul (Hrsg.), Koptisches Christentum. Die Kirchen der Welt, Bd. XII, Stuttgart 1973.
Wessel, Klaus, Koptische Kunst. Recklinghausen 1963.
Wessel, Klaus (Hrsg.), Christentum am Nil, Internationale Arbeitstagung zur Ausstellung »Koptische Kunst«, Recklinghausen 1964, mit 22 Beiträgen namhafter Wissenschaftler, auch über koptische Kunst, ihr Nachleben, ihre Beziehungen sowie die Verknüpfung mit der äthiopischen Kultur und die geistige Umwelt von Gnosis und Manichäismus.

Für weiteres Interesse an koptischer Literatur sei die umfassende und gründliche Darstellung von Martin Krause im Lexikon der Ägyptologie, Bd. III, s. v. Koptische Literatur (= Spalte 694–728) empfohlen.

BILDNACHWEISE

Frontispiz nach K. Wessel, Koptische Kunst, Recklinghausen 1963.
S. 12 nach S. Sauneron et Jacquet, Archéol. et Inscript., Les ermitages ... d'Esna (Fouilles de l'Institut franç. d'Archéol. du Caire 29/1) 1972
S. 15 nach E. Brunner-Traut und H. Brunner, Die Ägyptische Sammlung der Universität Tübingen, Mainz 1981.
S. 17 nach M. Cramer, Koptische Buchmalerei, Recklinghausen 1964.
S. 21 nach J. Carswell, Coptic Tattoo Designs, Beirut 1958.
S. 22 nach S. Sauneron, Essai d'histoire = Les ermitage chrétiens du désert d'Esna IV (Fouilles de l'Institut franç. d'Archéol. du Caire 29/4), 1972.
S. 25 nach Wessel.
S. 29 nach E. Brunner-Traut, Kleine Ägyptenkunde, Stuttgart, 3. Aufl. 1991.
S. 36 nach P. M. Du Bourguet, Die Kopten, Baden-Baden 1967.
S. 37 nach Du Bourguet.
S. 38 nach H. G. E. White, The Monasteries of the Wadi'n Natrun III, New York 1933.
S. 41 nach Brunner-Traut.
S. 44 nach Du Bourguet.
S. 45 nach Cramer.
S. 47 nach G. Duthuit, La sculpture copte, Paris 1931.
S. 49 nach Wessel.
S. 51 nach Sauneron.
S. 56 nach Brunner-Traut u. Brunner.

S. 58 nach Carswell.
S. 66 nach Sauneron et Jacquet.
S. 123 nach Brunner-Traut u. Brunner.
S. 131 nach Brunner-Traut u. Brunner.
S. 134 nach »Frühchristliche und Koptische Kunst« (Ausstellungskatalog), Wien 1964.
S. 138 nach Brunner-Traut u. Brunner.
S. 145 nach Brunner-Traut u. Brunner.
S. 150 nach Sauneron et Jacquet.
S. 152 nach Brunner-Traut u. Brunner, »Osiris, Kreuz, Halbmond« (Ausstellungskatalog), Mainz 1984 (1.–7. Aufl.). Mit freundlicher Genehmigung des Kestner-Museums, Hannover.

Für die Zeichnungen sei Frau Susanne Höfler besonders gedankt.

ALTÄGYPTISCHE MÄRCHEN

Übertragen und bearbeitet
von Emma Brunner-Traut
10. Auflage, 360 Seiten, Halbleinen.

Eine großartige Sammlung, forschungsgeschichtlich auf den neuesten Stand gebracht. Die Dimension des Märchens erweitert sich hier, schließt Mythisches mit ein. Auch gibt es sechzehn Bildermärchen zu sehen, von der Tübinger Ägyptologin aus alten Papyrushandschriften übersetzt. Altägypten ist das Ursprungsland vieler Märchenmotive: dem Schlaraffenland, dem Turm der Rapunzel, dem Meisterdieb, der verführerischen Wassernixe, auch dem berühmten von den zwei Brüdern.

»Wie kaum irgendwo auf der Welt offenbart uns das Märchen im Alten Ägypten seine Glaubens- und Lebensverknüpfung. Wie es zusammenhängt mit dem Mythos, wie es antwortet auf politische Umstände oder wann es seinen Antrieb erfährt aus sozialer Kritik, das erfahren wir vom Volk der Pharaonen.« (E. Brunner-Traut)

»Wer in einer kommentierten Übersetzung einen der neuesten Forschung entsprechenden Band über das alte Ägypten liefern will, muß Ägyptologe und Märchenspezialist in einem sein. Dies kann, auch international gesehen, nur die Autorin dieses Bandes für sich in Anspruch nehmen.«
(Erich Winter in »Universitas«)

Eugen Diederichs Verlag